Acknowledgement 7.3

We would like to take this opportunity to thank all the people who have helped us turn our fledgling idea for *Essentials of Veterinary Practice* into reality

First of all we would like to thank and recognise all the veterinary colleagues and their staff who offered us their hospitality when we visited their practices, allowing us to take pictures and sharing with us their insights and experiences; they have contributed massively to the information we have used to complete the content.

We also wish to thank Keith Davies and John Bower for their editorial help throughout the birth process of this book, and the team at Veterinary Business Development in the UK for their immediate enthusiasm for the project when we first met at BSAVA Congress and their professionalism and guidance since in the design and production process. Special mention must go to their creative head Ian Clark for his vision, ideas, contribution, design and project-management skills – not to mention his patience! – and their editorial team for helping us to improve upon our non-native efforts of writing in international English.

They all did a wonderful job that we hope the reader will appreciate as much as we do.

Philippe Moreau
Richard C Nap

Further reading 7.2

Ackerman L (2006). *The 5-Minute Veterinary Practice Management Consult*. Wiley-Blackwell Publishing, Inc (USA). ISBN 10: 0-781-75984-6; ISBN 13: 978-0-78175-984-7

Bailey R (1995). *How to Empower People at Work*. Management Books 2000 Ltd (UK). ISBN 10: 1-852-52235-6; ISBN 13: 978-1-85252-235-3

Bolles RN (2009). *What color is your parachute? A Practical Manual for Job-Hunters and Career-Changers*. Ten Speed Press, Berkeley, Toronto Canada. ISBN 10: 1-580-08987-9; ISBN 13: 978-1-58008-987-6

Bower J, Gripper J, Gripper P and Gunn D (2001). *Veterinary Practice Management* (3rd edition). Wiley-Blackwell ISBN 10: 0-632-05745-9; ISBN 13: 978-0-63205-745-0

Catanzaro TE (1997). *Building the Successful Veterinary Practice (Vol 1) Leadership Tools*. Wiley-Blackwell. ISBN 10: 0-813-82819-8; ISBN 13: 978-0-81382-819-0

Clark R (1996). *Mastering the Veterinary Marketplace: Taking Your Practice to the Top*. Veterinary Medicine Publishing Group (USA). ISBN 10: 0-935-07858-4; ISBN 13: 978-0-93507-858-9

Covey SR (1994). *First Things First* (1st edition). Simon & Schuster. ISBN 10: 0-671-86441-6; ISBN 13: 978-0-67186-441-5

Covey SR (1990). *The 7 Habits of Highly Effective People* (1st edition). Simon & Schuster. ISBN: 0-671-66398-4 / 0-671-70863-5

Covey SR (2004). *The 8th Habit: From Effectiveness to Greatness*. Free Press, New York. ISBN 10: 0-743-28793-2; ISBN 13: 978-0-74328-793-7

Crainer S (1998). *Key Management Ideas: Thinkers That Changed the Management World* (3rd edition). Financial Times (Prentice Hall UK). ISBN 10: 0-273-63808-4; ISBN 13: 978-0-27363-808-7

Gladwell M (2008). *Outliers*. Little Brown and Company, Hachette Book Group. New York, USA. ISBN: 987-0-31601-792-3 / Int. Ed: ISBN 10: 0-316-03669-2; ISBN 13: 978-0-31603-669-6

Jarvis J (2009). *What Would Google Do?* Harper Business. ISBN 10: 0-061 70-971-9; ISBN 13: 978-0-06170-971-5

Jevring-Bäck C and Bäck E (2006). *Managing a Veterinary Practice* (2nd edition). Saunders Elsevier. ISBN 10: 0-702-02820-7; ISBN 13: 978-0-70202-820-5

Johnson S (2002). *Who Moved My Cheese? An Amazing Way to Deal With Change in Your Work and in Your Life*. Vermilion UK. ISBN 10: 0-091-88376-8; ISBN 13: 978-0-09188-376-8

Kaplan L and Kovan TR (2006). *The Power of Nice: How to Conquer the Business World with Kindness*. Broadway Business. ISBN 10: 0-385-51892-7; ISBN 13: 978-0-38551-892-5

Knapp EJ (2004). *The Floor Plan Book: Veterinary Hospital and Boarding Kennel Planning and Design* (2nd edition). Veterinary Medicine Publishing Group (USA). ISBN 10: 0-935-07859-2; ISBN 13: 978-0-93507-859-6

Kotler P and Dubois B (1986). Marketing Management: Publi-Union (France), 5th edition

Lee DE, editor (2006). *Veterinary Clinics of North America, Small Animal Practice*. **36**(2): Saunders Elsevier, Philadelphia. ISBN 10: 1-4160-3582-6; ISBN 13: 978-1-41603-582-4 / ISSN 0195-5616

McClister MT and Midgley A (2000). *The Veterinary Receptionist's Handbook* (2nd edition). Veterinary Medicine Publishing Group (USA). ISBN 10: 0-935-07882-7; ISBN 13: 978-0-93507-882-4

McCurnin DM (1988). *Veterinary Practice Manual*. Lippincott, Williams and Wilkins. ISBN 10: 0-397-50782-8; ISBN 13: 978-0-39750-782-5

Moreau P and Poubanne Y (2001). *Cahier du Management: Le Merchandising du Cabinet Vétérinaire*. FormaMicro éditions (France)

Opperman M (1999). *The Art of Veterinary Practice Management*. Advanstar Marketing Services (USA). ISBN 10: 0-935-07874-6; ISBN 13: 978-0-93507-874-9

Shilcock M and Stutchfield G (2008). *Veterinary Practice Management: A Practical Guide* (2nd edition). Saunders Elsevier. ISBN 10: 0-702-02920-3; ISBN 13: 978-0-70202-920-2

Sutton RI (2002). *Weird Ideas That Work: How to Build a Creative Company*. Free Press, a division of Simon & Schuster Inc. (USA). ISBN 10: 0-743-22788-3; ISBN 13: 978-0-74322-788-9

Wayner CJ and Heinke ML (2006). Compliance: Crafting Quality Care. In: Lee DE (ed), *Veterinary Clinics of North America, Small Animal Practice*. **36**(2): 419-436.

Recommended websites and URLs:

AAHA (2003). The path to high quality care compliance. Compliance: taking quality care to the next level / Executive summary:
www.aahanet.org/protected/ComplianceExecutiveSummary0309.pdf

Australian Veterinary Practice Management Association
www.avpma.com.au

AVMA KPMG study on the future of veterinary medicine
www.avma.org/reference/mega715c.pdf

Dr Marty Becker – The Human Animal Bond
www.drmartybecker.com

Clinicians Brief / an NAVC publication
www.cliniciansbrief.com

Stephen Covey
www.stephencovey.com

DVM360 - Advanstar
www.dvm360.com

Google business plan templates
http://docs.google.com/templates

Mission to Learn
www.missiontolearn.com

Veterinary Business Development Ltd
www.vetsonline.com

Veterinary Business Management Association
www.vbma.biz

Vet'Kiosk / Mediproductions
www.mediproductions.com

VetCoach
www.vetcoach.info

Veterinary Hospital Managers Association
www.vhma.org

Veterinary Practice News
www.veterinarypracticenews.com

Veterinary Practice Management Association
www.vpma.co.uk

Vetstart
www.vetstart.org

La bible de la cuisine ch'ti

Recettes et photos : Sylvie Aït-Ali

Sauf p. 72, p. 106, p. 107, p. 108, p. 109, p. 110, p. 111, p. 112, p. 114(2), p. 115(2), p. 116, p. 117, p. 118, p. 119, p. 120, p. 121, p. 122(2) : Sophie Rohaut © Sylvie Aït-Ali - p. 173, p. 176, p. 177, p. 179 (2), p. 180, p. 181, p. 185, p. 186, p. 187(2), p. 189, p. 193 : Sophie Rohaut © Lenivitz production / Irina Sarnavska - p. 192 : MMP © Lenivitz production / Irina Sarnavska

EDITIONS ESI

60, rue Vitruve 75020 Paris

Imprimé au Portugal par Printer Portuguesa à Rio de Mouro

© Éditions ESI - Dépôt légal : décembre 2012 - Achevé d'imprimer : décembre 2012 - ISBN : 978-2-8226-0236-5 - N° Sofédis : S511925

Sommaire

Recettes aux moules

Sommaire

Recettes à la vergeoise - salées

Recettes à la vergeoise - sucrées

Recettes au spéculoos

Carbonnade de saumon

Préparation : 20 minutes • Cuisson : 40 minutes • Difficulté : ★ Budget : ★★

Pour 6 personnes
1 oignon * 2 échalotes * 300 g de champignons de Paris * 2 cuil. à soupe de farine * 6 pavés de saumon * 1 cuil. à soupe d'huile d'olive * 1 branche de thym * 1 feuille de laurier * 1 cuil. à soupe de vergeoise * 50 cl de bière ch'ti * Sel et poivre

Épluchez et émincez l'oignon, les échalotes et les champignons.

Farinez les morceaux de saumon et faites-les revenir sur feu vif 2 ou 3 minutes dans l'huile puis retirez-les. Placez l'oignon et les échalotes dans la cocotte et faites-les blondir. Ajoutez le saumon, les champignons, le thym, le laurier, la vergeoise, salez et poivrez.

Arrosez avec la bière et laissez cuire doucement 30 minutes à couvert.

Carbonnade flamande

Préparation : 20 minutes • Cuisson : 3 h 20 • Difficulté : ★ Budget : ★★

Pour 6 personnes
60 g de margarine * 1,5 kg de viande de bœuf (dans le paleron ou la macreuse)* 300 g d'oignons * 2 cuil. à soupe de farine * 1 l de bière ch'ti * 1 bouquet garni * 1 cuil. à soupe de vergeoise (ou cassonade)* 1 cuil. à soupe de moutarde * 3 tranches de pain d'épices * Sel et poivre

Faites fondre la margarine dans une cocotte en fonte et faites dorer la viande coupée en gros cubes. Après coloration, retirez les morceaux de viande et faites fondre doucement les oignons finement émincés.
Replacez la viande dans la cocotte et singez avec la farine (enrobez les aliments de farine).
Couvrez avec la bière et de l'eau, salez, poivrez, ajoutez le bouquet garni et laissez mijoter 2 heures à couvert.
Mélangez la vergeoise, la moutarde et un peu de jus de cuisson. Ajoutez ce mélange à la viande ainsi que le pain d'épices émietté et laissez mijoter encore 1 heure.
Servez accompagné de frites ou de pâtes fraîches.

Croquettes de crevettes

Préparation : 30 minutes • Repos : 2 heures • Cuisson : 10 minutes • Difficulté : ★★ Budget : ★

Pour 6 personnes
50 g de beurre * 90 g de farine * 40 cl de lait * 1 cuil. à café de fumet de poisson * Le jus de 1 citron* 3 jaunes d'œufs * 300 g de crevettes grises * 2 cuil. à soupe de persil haché * Chapelure* Huile à frire* Sel et poivre

Faites fondre le beurre dans une casserole, ajoutez 80 g de farine puis le lait petit à petit et le fumet de poisson. Faites épaissir sans cesser de mélanger.
Ajoutez le jus du citron, 1 jaune d'œuf, les crevettes et le persil. Ajustez l'assaisonnement puis laissez refroidir et reposer au frais 2 heures.
Avec la pâte ainsi obtenue, façonnez 6 croquettes puis roulez-les dans de la farine puis dans 2 jaunes d'œufs battus et pour finir, dans la chapelure.
Faites chauffer l'huile à frire à 180 °C, puis plongez-y les croquettes pendant 6 minutes en les retournant à mi-cuisson. Laissez-les égoutter sur du papier absorbant pendant 2 ou 3 minutes, puis servez-les aussitôt accompagnées d'une salade.

Ficelle picarde

Préparation : 45 minutes • Repos : 1 heure • Cuisson : 40 minutes • Difficulté : ★ Budget : ★

Pour 12 crêpes
Pour les crêpes : 50 cl de lait * 3 œufs * 180 g de farine * 1 cuil. à soupe d'huile d'arachide
Pour la garniture : 60 g de beurre * 2 échalotes * 300 g de champignons de Paris * 30 g de farine * 30 cl de lait * 150 g d'emmental râpé * 5 tranches de jambon blanc * 20 cl de crème fraîche épaisse * Sel et poivre

Préchauffez le four à 220 °C (th. 7-8). Préparez la pâte à crêpes : mélangez le lait et les œufs, versez la farine tamisée en pluie. Ajoutez l'huile et une pincée de sel. Laissez la pâte reposer pendant 1 heure.

Faites fondre 30 g de beurre dans une sauteuse, ajoutez les échalotes émincées et laissez-les fondre sans trop colorer. Coupez les champignons en fines lamelles et versez-les dans la sauteuse. Salez et laissez cuire à couvert, sur feu doux, jusqu'à évaporation de l'eau de végétation.

Dans une casserole, faites fondre 30 g de beurre, ajoutez la farine hors du feu. Incorporez le lait chaud et faites épaissir sur feu doux sans cesser de mélanger. Salez, poivrez, ajoutez 100 g d'emmental râpé, le jambon coupé en lamelles, les champignons et les échalotes.

Confectionnez les crêpes. Lorsqu'elles ont refroidi, garnissez-les avec la préparation, roulez-les et placez-les sur un plat de cuisson beurré. Nappez-les de crème fraîche et répartissez le fromage restant. Mettez les crêpes au four pendant 10 minutes pour les faire gratiner. Servez bien chaud, seules ou accompagnées d'une salade.

Flamiche

Préparation : 30 minutes • Cuisson : 50 minutes •
Difficulté : ★ Budget : ★

Pour 6 personnes

1 kg de poireaux * 30 g de beurre * 1 cube de bouillon * 2 cuil. à soupe de crème fraîche épaisse * 50 g d'emmental râpé * 2 rouleaux de pâte brisée * 1 jaune d'œuf * Sel et poivre

Préchauffez le four à 180 °C (th. 6). Nettoyez et émincez les poireaux. Faites fondre le beurre dans une sauteuse, ajoutez les poireaux et faites-les suer. Versez 1 verre d'eau par-dessus et ajoutez le cube de bouillon. Laissez cuire à couvert 15 minutes, puis laissez refroidir. Mélangez la crème fraîche, les poireaux et le fromage, salez et poivrez.

Déposez une pâte brisée dans une tourtière de 24 cm de diamètre, en conservant la feuille de papier de cuisson. Piquez le fond avec une fourchette puis répartissez les poireaux. Couvrez de la seconde pâte.

Pressez les 2 pâtes sur le bord du moule et découpez l'excès en laissant 1 cm de bord. Roulez doucement le bord et marquez-le avec une fourchette en appuyant légèrement.

Dorez la surface avec le jaune d'œuf dilué à l'aide de 1 cuil. à soupe d'eau. Faites 3 petits trous pour éviter que la flamiche ne gonfle et mettez au four pour 30 minutes.

Gâteau de pommes de terre au cœur d'Arras

Préparation : 20 minutes • Cuisson : 45 minutes •
Difficulté : ★ Budget : ★

Pour 6 personnes

1,2 kg de pommes de terre * 2 œufs * 20 cl de crème liquide * 10 cl de lait * Noix de muscade en poudre* 2 gousses d'ail * Beurre* 200 g de cœur d'Arras * Sel et poivre

Épluchez les pommes de terre et coupez-les en tranches fines avec une mandoline.

Mélangez les œufs, la crème liquide, le lait, la muscade et l'ail haché. Salez et poivrez.

Beurrez un plat à gratin, déposez la moitié des pommes de terre, couvrez-les de la moitié du fromage coupé en lamelles. Couvrez du restant de pommes de terre, nappez du mélange crème-œufs et déposez le restant de lamelles de fromage.

Mettez au four 45 minutes à 180 °C (th. 6), couvrez d'une feuille d'aluminium si le fromage dore trop.

Potjevleesch

Préparation : 40 minutes • Repos : 36 heures •
Cuisson : 3 h 20 • Marinade : 24 heures •
Difficulté : ★★ Budget : ★★★

Pour 6 personnes

300 g de lapin (chair)* 300 g de jarret de veau avec os * 300 g de blancs de poulet * 300 g d'échine de porc (désossée)* 65 cl de vin blanc * 20 cl de vinaigre de vin * 4 gousses d'ail * Bouquet garni * 1 cuil. à café de baies de genièvre * 2 clous de girofle * 2 carottes * 1 sachet de gelée * Sel et poivre

Coupez les viandes en gros morceaux.

Préparez une marinade en mélangeant le vin, le vinaigre, l'ail épluché et émincé, les herbes, les baies de genièvre, les clous de girofle. Salez et poivrez.

Arrosez la viande de marinade, couvrez de film alimentaire et laissez reposer 24 heures au frais.

Préchauffez le four à 150 °C (th. 6).

Le lendemain, placez la viande dans une terrine ainsi que les carottes coupées en rondelles. Couvrez de marinade, fermez la terrine et mettez à cuire pour 3 heures.

Ajoutez la gelée préparée comme indiqué sur le paquet et laissez cuire de nouveau 20 minutes.

Laissez refroidir, puis placez au frais 12 heures.

Quiche au vieux-lille

Préparation : 15 minutes • Cuisson : 30 minutes •
Difficulté : ★ Budget : ★

Pour 6 personnes

1 rouleau de pâte feuilletée * 3 œufs (de gros calibre) * 9 cuil. à soupe de crème fraîche épaisse * 10 cl de bière blonde * 200 g de vieux-lille * Sel et poivre

Préchauffez le four à 180 °C (th. 6)

Placez la pâte feuilletée avec la feuille de papier sulfurisé dans une tourtière de 26 cm de diamètre. Piquez le fond avec une fourchette et replacez la tourtière au frais pendant la préparation de la garniture.

Fouettez les œufs, la crème et la bière. Poivrez et salez légèrement (le fromage est déjà très salé). Coupez le fromage en morceaux et répartissez-le sur le fond de pâte.

Versez la préparation et mettez au four 30 minutes.

Servez la quiche accompagnée d'une salade verte.

Salade de harengs

Préparation : 20 minutes • Cuisson : 20 minutes • Difficulté : ★ Budget : ★

Pour 6 personnes
800 g de pommes de terre * 6 cuil. à soupe d'huile d'olive * 2 cuil. à soupe de vinaigre balsamique * 3 pommes golden * 6 filets de harengs fumé * 2 oignons rouges * 20 brins de ciboulette * 200 g de salades mélangées * Sel et poivre

Épluchez les pommes de terre et faites-les cuire à la vapeur. Coupez-les en gros dés, arrosez-les d'huile d'olive, de vinaigre, salez et poivrez.
Épluchez et coupez les pommes en dés, coupez également les filets de hareng en morceaux et ajoutez le tout aux pommes de terre.
Épluchez et émincez les oignons. Ajoutez-en la moitié à la salade de harengs ainsi que la moitié de la ciboulette ciselée.
Répartissez les salades mélangées dans 6 assiettes creuses. Placez au centre la salade de harengs.
Décorez avec le restant d'oignons rouges et de ciboulette.

Soupe à l'ail d'Arleux

Préparation : 15 minutes • Cuisson : 35 minutes • Difficulté : ★ Budget : ★

Pour 6 personnes
100 g d'ail fumé * 1 cuil. à soupe d'huile de tournesol * 500 g de pommes de terre * 2 carottes * Thym* 6 tranches de pain de campagne * 100 g de gruyère râpé * Sel et poivre

Épluchez et émincez l'ail, faites-le revenir légèrement dans l'huile.

Ajoutez les pommes de terre, les carottes râpées, une pincée de thym, salez et poivrez. Couvrez d'eau et laissez cuire 30 minutes puis mixez.

Faites griller le pain, placez-le dans les assiettes, recouvrez-le de gruyère puis versez la soupe bien chaude.

Soupe de cresson

Préparation : 15 minutes • Cuisson : 45 minutes •
Difficulté : ★ Budget : ★

Pour 6 personnes

2 bottes de cresson * 1 oignon * Margarine* 4 pommes de terre * 1 cube de bouillon de légumes * 3 cuil. à soupe de crème fraîche épaisse * Sel et poivre

Lavez le cresson, retirez les grosses tiges.

Faites-le revenir avec l'oignon émincé dans une noix de margarine, puis ajoutez les pommes de terre coupées en dés et le cube de bouillon. Couvrez avec 1 l d'eau, salez, poivrez et laissez cuire 40 minutes.

Vérifiez la cuisson des pommes de terre à l'aide d'un couteau, puis mixez le tout. Ajoutez la crème et servez aussitôt.

Soupe de poisson de Dunkerque

Préparation : 30 minutes • Cuisson : 45 minutes •
Difficulté : ★★ Budget : ★

Pour 6 personnes

1 kg de poissons à chair blanche * 1 carotte * 2 pommes de terre * 1 oignon * 4 gousses d'ail * 2 cuil. à soupe d'huile d'olive * 25 cl de vin blanc * Persil* 1 cuil. à soupe de fond de poisson * 2 cuil. à soupe de concentré de tomates * Croûton à l'ail* Fromage râpé* Sel et poivre

Retirez les arêtes des poissons et coupez-les en morceaux.

Épluchez et coupez les légumes en morceaux.

Faites blondir l'oignon émincé et l'ail dans l'huile d'olive.

Ajoutez les légumes, le vin blanc et laissez cuire 10 minutes.

Ajoutez du persil haché, le fond de poisson, le concentré de tomates, puis mélangez les poissons coupés en morceaux.

Versez 2 l d'eau et laissez cuire 30 minutes.

Mixez la soupe, rectifiez l'assaisonnement et servez-la bien chaude avec des croûtons aillés et du fromage râpé.

Tarte ch'tiflette

Préparation : 20 minutes • Cuisson : 45 minutes •
Difficulté : ★ Budget : ★★

Pour 6 personnes

500 g de pommes de terre * 1 kg d'endives * 30 g de margarine * Beurre* 1 vieux-lille * Sel et poivre

Épluchez et coupez les pommes de terre en rondelles. Faites-les cuire à la vapeur 10 minutes.

Nettoyez les endives, émincez-les grossièrement et faites-les revenir dans la margarine. Salez et poivrez.

Préchauffez le four à 200 °C (th. 6-7).

Beurrez un plat à gratin, alternez les endives et les pommes de terre.

Coupez le fromage en tranches épaisses sans retirer la croûte et placez-les sur le plat.

Mettez le plat au four pour 30 minutes. Servez accompagné d'une salade.

Waterzoï de poisson

Préparation : 40 minutes • Cuisson : 40 minutes •
Difficulté : ★ Budget : ★★

Pour 6 personnes

4 poireaux * 4 navets * 6 carottes * 6 pommes de terre * ½ boule de céleri-rave * Persil* 1 citron * 2 oignons * 50 cl de vin blanc sec * 3 pavés de saumon * 3 filets de perche * 3 dos de cabillaud * Sel Pour la sauce : * 4 jaunes d'œufs * Le jus de 2 citrons* 20 cl de crème liquide allégée

Lavez les légumes et coupez-les en gros dés.

Dans une marmite, faites bouillir de l'eau salée. Plongez-y les carottes et le persil haché. Laissez cuire 10 minutes, puis ajoutez les autres légumes, le citron coupé en rondelles et les 2 oignons hachés et pressés. Ajoutez le vin et laissez cuire 20 minutes.

Déposez délicatement les morceaux de poisson dans l'eau frémissante. Couvrez et, au bout de 8 minutes, arrêtez la cuisson sans ouvrir la cocotte. Le poisson finira ainsi de cuire et sera moelleux.

Préparez la sauce : dans un bol, mettez les jaunes d'œufs, le jus de citron et la crème liquide. Ajoutez du bouillon prélevé dans la cocotte, mélangez et reversez le tout dans la cocotte.

Placez les légumes dans un plat. Déposez les morceaux de poisson par-dessus et servez.

Waterzoï de poulet

Préparation : 1 heure • Cuisson : 1 heure • Difficulté : ★ Budget : ★

Pour 6 personnes
6 cuisses de poulet * 1 l de bouillon de volaille * 1 bouquet garni * 2 poireaux (moyens)* 3 carottes * ¼ de céleri-rave * 2 navets * 30 g de beurre * 2 jaunes d'œufs * 4 cuil. à soupe de crème fraîche épaisse * Sel et poivre

Placez le poulet dans une cocotte avec le bouillon et le bouquet garni. Laissez cuire 1 heure à couvert.

Pendant ce temps, coupez les légumes en julienne, faites-les revenir dans le beurre sur feu vif pendant 5 minutes, puis ajoutez une louche de bouillon et laissez mijoter encore 5 minutes. Placez le poulet avec les légumes, ajustez l'assaisonnement.

Fouettez les jaunes d'œufs et la crème, ajoutez une louche de bouillon chaud, puis versez le tout sur les légumes et mélangez bien.

Servez ce plat accompagné de pommes de terre à l'eau ou de riz.

Welsh

Préparation : 15 minutes • Cuisson : 15 minutes • Difficulté : ★ Budget : ★

Pour 6 personnes
6 tranches de pain de campagne * 800 g de cheddar * 60 cl de bière * 2 cuil. à soupe de moutarde * Poivre

Faites griller les tranches de pain sous le gril du four ou au grille-pain.

Dans une casserole, faites fondre le cheddar râpé avec la bière jusqu'à ce que le mélange soit homogène et fluide.

Ajoutez la moutarde et poivrez.

Placez le pain grillé dans une assiette creuse ou un petit plat individuel à gratin, et versez le fromage fondu dessus.

Faites gratiner les welsh sous le gril du four et servez aussitôt.

Coquille de Noël ou cougnou

Préparation : 20 minutes • Repos : 3 heures • Cuisson : 30 minutes • Difficulté : ★★ Budget : ★

Pour 2 brioches

18 cl de lait * 100 g de beurre * 2 œufs * 80 g de sucre * ½ cuil. à café de sel * 500 g de farine * 1 sachet de levure de boulanger déshydratée * 1 jaune d'œuf

Mettez tous les ingrédients (sauf le jaune d'œuf) dans la cuve de la machine à pain selon l'ordre indiqué dans la liste.

Sélectionnez le programme « Pâte ». Une fois pétrie, la pâte doit reposer 1 h 30.

Vous pouvez également préparer la pâte à la main : formez un puits avec la farine et placez au centre tous les ingrédients. Pétrissez 15 minutes sans ajouter de farine. La pâte, collante au début, le sera de moins en moins au cours du pétrissage.

À la fin du programme de la machine à pain, versez la pâte sur un plan de travail légèrement fariné, divisez le pâton en deux.

Chaque pâton sera ensuite divisé en 3 boules : 1 grosse et 2 petites.

Déposez 2 petites boules aux extrémités des 2 grosses, sur une plaque de cuisson recouverte d'une feuille de papier sulfurisé.

Laissez les 2 brioches, recouvertes d'un torchon, reposer dans un endroit tempéré et à l'abri des courants d'air. La pâte doit doubler de volume, ce qui prend 1 h 30 environ.

Préchauffez le four à 180 °C (th. 6). Avant d'enfourner, badigeonnez les brioches du jaune d'œuf dilué dans 1 cuil. à café d'eau. Mettez au four 30 minutes en surveillant bien la coloration de la croûte.

Sortez la brioche du four et laissez-la refroidir sur une grille.

Gaufres de ducasse (fête foraine)

Préparation : 20 minutes • Repos : 1 heure • Cuisson : 3 minutes par gaufre • Difficulté : ★ Budget : ★

Pour 6 personnes
1 sachet de levure de boulanger déshydratée * 50 cl de lait * 500 g de farine * 2 cuil. à soupe de cassonade * 1 gousse de vanille * 3 œufs * 25 cl de bière blonde * 250 g de beurre * Sucre glace* Sel

Diluez la levure dans 3 cuil. à soupe de lait tiédi, réservez.

Dans un grand saladier, mélangez la farine, la cassonade, une pincée de sel, les graines de la gousse de vanille. Formez un puits et ajoutez les jaunes d'œufs, la levure, le lait et la bière. Mélangez jusqu'à ce que la pâte soit bien lisse. Terminez en versant le beurre fondu.

Montez les blancs d'œufs en neige et incorporez-les délicatement à la préparation.

Laissez lever la pâte pendant 1 heure environ pour qu'elle double de volume.

Faites chauffer votre gaufrier, beurrez les plaques à l'aide d'un pinceau et versez un peu de pâte sur les empreintes.

Laissez cuire 3 minutes pour que les gaufres soient bien dorées.

Saupoudrez les gaufres de sucre glace.

Nieulles

Préparation : 20 minutes • Repos : 1 heure • Cuisson : 20 minutes • Difficulté : ★ Budget : ★

Pour 6 personnes
250 g de farine * 50 g de sucre * 100 g de beurre * 1 jaune d'œuf * 3 cuil. à soupe de lait

Dans un saladier mélangez la farine et le sucre, faites un puits et ajoutez le beurre tempéré. Travaillez du bout des doigts pour former un gros sable. Ajoutez le jaune d'œuf, le lait et pétrissez jusqu'à l'obtention d'une pâte lisse et homogène. Laissez-la reposer 1 heure au frais.

Étalez la pâte sur 0,5 cm d'épaisseur après avoir fariné le plan de travail et détaillez des sablés à l'aide d'un emporte-pièce cannelé.

Placez-les sur une plaque de cuisson recouverte de papier sulfurisé et mettez au four préchauffé à 180 °C (th. 6) pour 20 minutes. Les biscuits doivent légèrement dorer.

Attendez qu'ils aient totalement refroidi pour les retirer de la plaque. Conservez-les dans une boîte métallique.

Tarte libouli

Préparation : 1 heure • Repos : 1 heure • Cuisson : 45 minutes • Difficulté : ★★ Budget : ★

Pour 8 personnes
Pour la pâte : 10 g de levure fraîche * 10 cl de lait * 250 g de farine * 1 œuf * 60 g de beurre * 1 jaune d'œuf * ½ cuil. à café de sel
Pour la crème libouli : 3 œufs * 100 g de sucre * 50 g de Maïzena® * 60 cl de lait * 1 gousse de vanille * 1 cuil. à soupe de gelée de pommes

Délayez la levure dans 3 cuil. à café de lait tiède et laissez reposer 10 minutes.
Faites un puits avec la farine, déposez-y l'œuf, le beurre fondu, le sel et la levure. Mélangez, ajoutez le lait puis pétrissez la pâte. Laissez la pâte reposer 1 heure dans un endroit tempéré à l'abri des courants d'air en la couvrant d'un torchon.
Pour la crème, fouettez les œufs et la moitié du sucre, puis ajoutez la Maïzena. Chauffez le lait avec le reste du sucre, la gousse de vanille fendue en deux et après en avoir gratté les graines. Portez-le à ébullition et ajoutez-le au mélange précédent hors du feu. Remettez le mélange sur feu moyen et mélangez en continu. Dès que la crème épaissit, retirez-la du feu, versez-la dans un saladier, filmez-la au contact et laissez-la tiédir.
Étalez la pâte dans une tourtière de 24 cm de diamètre beurrée, formez de gros bords, dorez avec le jaune d'œuf puis versez la crème. Lissez la surface et avec les chutes de pâte, formez un quadrillage et badigeonnez-le d'œuf.
Mettez au four 30 minutes à 210 °C (th. 7). À la sortie du four, laissez tiédir et badigeonnez de gelée de pommes.

Beignets de maroilles

Préparation : 30 minutes • Repos : 1 heure •
Cuisson : 3-4 minutes • Difficulté : ★★ Budget : ★

Pour 6 personnes

1 maroilles * 3 jaunes d'œufs * 190 g de farine * 20 g de levure de boulanger déshydratée * 13 cl de bière blonde * Huile à frire* Sel

Coupez le maroilles en gros dés, badigeonnez-les de jaunes d'œufs battus puis roulez-les dans 50 g de farine. Renouvelez ces deux opérations et conservez les dés de fromage au frais.

Préparez la pâte à beignets : diluez la levure avec un peu de bière tempérée puis lorsque le mélange est homogène, ajoutez le restant de bière. Ajoutez ensuite le restant de farine en pluie, en mélangeant constamment jusqu'à l'obtention d'une pâte bien homogène sans grumeaux. Salez légèrement. Posez un torchon propre sur le saladier et laissez reposer 1 heure à température ambiante.

Trempez les morceaux de maroilles préparés dans la pâte à beignets et plongez-les par deux dans l'huile à frire chaude, laissez dorer en les retournant en cours de cuisson. Faites-les égoutter sur du papier absorbant.

Servez aussitôt les beignets accompagnés d'une salade.

Bouchées à la reine des Flandres

Préparation : 30 minutes • Cuisson : 30 minutes •
Difficulté : ★ Budget : ★

Pour 4 personnes

40 g de beurre * 30 g de farine * 30 cl de lait * 200 g de maroilles * 200 g de jambon blanc * 100 g de champignons de Paris en boîte * Noix de muscade en poudre* 4 bouchées à garnir * Sel et poivre

Faites fondre le beurre dans une casserole. Saupoudrez de farine et mélangez bien. Versez le lait sans cesser de mélanger et faites épaissir la sauce.

Ajoutez le maroilles coupé en dés (sauf 4 morceaux), le jambon et les champignons coupés en morceaux. Salez légèrement, poivrez et ajoutez une pincée de muscade en poudre.

Retirez les couvercles des bouchées et creusez l'intérieur. Garnissez les bouchées avec la préparation puis déposez un morceau de maroilles sur le dessus.

Placez au four 20 minutes à 180 °C (th. 6). Dégustez immédiatement.

Bruschetta au maroilles

Préparation : 10 minutes • Cuisson : 12 minutes • Difficulté : ★ Budget : ★

Pour 4 personnes

4 tranches de pain de campagne * 2 tomates * 100 g de maroilles * 1 gousse d'ail * 2 cuil. à café d'huile d'olive * 2 tranches de jambon blanc * 1 cuil. à soupe de ciboulette ciselée

Faites dorer les tranches de pain de campagne au grille-pain. Coupez les tomates en rondelles et le fromage en lamelles.

Préchauffez le four à 210 °C (th. 7).

Frottez le pain avec la gousse d'ail coupée en deux, puis badigeonnez-le d'huile d'olive à l'aide d'un pinceau. Déposez une 1/2 tranche de jambon puis les rondelles de tomate. Recouvrez d'1 tranche de maroilles.

Placez les bruschetta sur une plaque de cuisson. Passez-les au four 10 minutes, le temps que le fromage fonde et dore légèrement.

Saupoudrez de ciboulette ciselée et accompagnez de salade.

Cassolettes de fruits de mer

Préparation : 15 minutes • Cuisson : 22 minutes • Difficulté : ★ Budget : ★★

Pour 4 personnes

2 échalotes * 1 gousse d'ail * 1 cuil. à soupe d'huile d'olive * 500 g de fruits de mer * 1 cuil. à café de persil haché * 10 cl de vin blanc * 10 cl de bouillon de légumes * 1 cuil. à soupe de Maïzena® * 10 cl de crème liquide entière * 2 cuil. à soupe de crème de maroilles * Sel et poivre

Faites revenir les échalotes émincées et l'ail dans l'huile d'olive. Ajoutez les fruits de mer, le persil haché et arrosez de vin et de bouillon. Mélangez et laissez cuire 10 minutes à couvert.

Diluez la Maïzena avec un peu de jus de cuisson puis reversez-la dans la sauteuse avec les fruits de mer et mélangez jusqu'à épaississement. Ajoutez la crème liquide et la crème de maroilles. Salez si nécessaire et poivrez.

Répartissez les fruits de mer dans les cassolettes et servez aussitôt.

Ch'ti burger

Préparation : 15 minutes • Cuisson : 10 minutes • Difficulté : ★ Budget : ★

Pour 4 personnes
500 g de viande de bœuf hachée * 1 oignon * 1 tomate * 4 pains à hamburger * 4 cuil. à café de ketchup * 100 g de maroilles * Sel et poivre

Salez et poivrez la viande, malaxez-la puis formez 4 steaks de la taille du pain. Épluchez et émincez l'oignon. Coupez la tomate en lamelles.
Placez les 4 pains ouverts sur une plaque de cuisson, mie vers le haut. Passez-les sous le gril 5 minutes.
Mettez la viande à cuire, de préférence, au gril. Montez les burgers, placez du ketchup sur le pain, de l'oignon, de la tomate et le steak. Posez une tranche de maroilles sur le steak et passez les burgers sous le gril.
Servez accompagné de frites et d'une salade.

Ch'ti cake

Préparation : 20 minutes • Cuisson : 40 minutes • Difficulté : ★ Budget : ★★

Pour 6 personnes
3 œufs * 200 g de farine * 1 cuil. à café de levure chimique * 5 cl d'huile d'olive * 15 cl de lait * 50 g d'emmental râpé * 70 g de lardons * 200 g de maroilles * Sel et poivre

Préchauffez le four à 180 °C (th. 6).

Mélangez les œufs, la farine, la levure, l'huile, du sel et du poivre. Ajoutez le lait tiédi et l'emmental râpé. Mélangez bien.

Ajoutez les lardons et le maroilles coupé en dés, en conservant 4 tranches pour le décor.

Versez la préparation dans un moule à cake préalablement beurré ou un moule en silicone.

Placez 4 tranches de maroilles sur le dessus et mettez au four pour 40 minutes.

Attendez 10 minutes, démoulez et laissez refroidir sur une grille.

Clafoutis aux brocolis et maroilles

Préparation : 20 minutes • Cuisson : 40 minutes • Difficulté : ★ Budget : ★

Pour 6 personnes
300 g de brocolis * 3 œufs * 10 cl de crème liquide entière * 20 cl de lait * 60 g de farine * 150 g de maroilles * Sel et poivre

Préchauffez le four à 180 °C (th. 6).

Coupez les brocolis en petits bouquets et mettez-les à cuire à la vapeur 10 minutes.

Fouettez les œufs avec la crème et le lait. Ajoutez la farine, salez légèrement et poivrez.

Placez les bouquets de brocolis dans 6 plats individuels et couvrez de préparation. Coupez le maroilles en dés et répartissez-le entre les bouquets de brocolis.

Mettez au four pour 30 minutes. Servez chaud ou froid.

Cordons ch'ti

Préparation : 20 minutes • Cuisson : 20 minutes • Difficulté : ★★ Budget : ★

Pour 6 personnes
6 escalopes de poulet * 3 tranches de jambon de volaille fumé * 6 tranches de maroilles * 3 jaunes d'œufs * Chapelure * 30 g de beurre * Sel

Avec un bon couteau, coupez les escalopes dans le sens de l'épaisseur sans les séparer totalement.

Enroulez ½ tranche de jambon autour des tranches de maroilles et placez-les au centre des escalopes, refermez le mieux possible.

Battez les jaunes d'œufs, salez et badigeonnez les escalopes sur toutes les faces, puis roulez-les dans la chapelure pour qu'elles soient généreusement enrobées.

Faites fondre le beurre dans une poêle et mettez les escalopes à cuire 10 minutes sur chaque face, à feu doux, afin qu'elles soient bien dorées mais que le fromage ne sorte pas trop.

Servez ce plat accompagné de pommes de terre au four et de salade.

Côtes de veau gratinées au maroilles et aux pommes

Préparation : 25 minutes • Cuisson : 20 minutes • Difficulté : ★ Budget : ★★

Pour 4 personnes
10 g de margarine * 4 côtes de veau (épaisses) * 12 cl de crème liquide entière * 120 g de maroilles * 2 pommes * Sel et poivre

Faites fondre la margarine dans une sauteuse, mettez les côtes de veau à dorer 2 minutes sur chaque face puis placez-les dans un plat allant au four. Salez et poivrez.

Nappez la viande de crème puis répartissez le fromage coupé en dés.

Épluchez et coupez les pommes en gros quartiers. Faites-les dorer sur les 2 faces dans la poêle qui a servi pour la cuisson de la viande.

Placez les pommes dans le plat avec la viande et mettez le plat au four 15 minutes à 180 °C (th. 6).

Cubes croustillants de maroilles au pain d'épices

Préparation : 20 minutes • Cuisson : 5 minutes • Difficulté : ★ Budget : ★

Pour 4 personnes
4 tranches de pain d'épices * 200 g de maroilles

Émiettez le pain d'épices puis étalez-le sur une plaque de cuisson recouverte de papier sulfurisé. Mettez au four 5 minutes à 200 °C (th. 6-7). Le pain d'épices va dorer rapidement, ne le quittez surtout pas des yeux.
Sortez la plaque du four. Laissez refroidir le pain d'épices puis placez-le dans un mixeur pour obtenir une chapelure fine.
Coupez le maroilles en dés après avoir retiré la croûte. Roulez chaque cube dans la chapelure, appliquez une pression sur chaque face pour qu'elle adhère parfaitement. Dégustez en guise d'amuse-bouche.

Dos de cabillaud au maroilles

Préparation : 20 minutes • Cuisson : 20 minutes • Difficulté : ★ Budget : ★★

Pour 4 personnes

3 courgettes (petites) * 4 dos de cabillaud * Le jus de 1 citron * 10 cl de crème liquide entière * 100 g de maroilles * Sel et poivre

Préchauffez le four à 180 °C (th. 6).

Lavez les courgettes et coupez-les en fines rondelles à la mandoline.

Placez une feuille de papier sulfurisé sur un plat creux. Répartissez un quart des courgettes puis déposez un dos de cabillaud. Salez légèrement, poivrez puis arrosez d'un filet de jus de citron.

Versez de la crème sur le poisson puis déposez un peu de maroilles coupé en tranches. Fermez la papillote hermétiquement. Réalisez 3 autres papillotes et placez le tout sur une plaque de cuisson.

Mettez au four pour 20 minutes.

Faluche au maroilles

Préparation : 20 minutes • Repos : 2 heures • Cuisson : 20 minutes • Difficulté : ★★ Budget : ★

Pour 8 personnes

250 g de farine * 1 cuil. à café de levure de boulanger déshydratée * 15 g de beurre * 1 cuil. à café de sel * 15 cl d'eau * 3,5 cl de lait * 100 g de maroilles

Mettez tous les ingrédients, sauf le maroilles, dans la cuve d'un robot pâtissier. Laissez pétrir, avec le crochet, jusqu'à ce que la pâte se décolle des parois. Couvrez le bol d'un film alimentaire et laissez reposer 1 h 30 pour que la pâte double de volume.

Versez la pâte sur un plan de travail fariné. Divisez le pâton en 8 parts. Façonnez chaque faluche en plaçant au centre un carré de maroilles.

Déposez les faluches sur une plaque de cuisson légèrement farinée ou recouverte de papier de cuisson. Laissez-les reposer, recouvertes d'un torchon, dans un endroit tempéré et à l'abri des courants d'air, pendant 30 minutes.

Préchauffez le four à 220 °C (th. 7-8) et placez un petit récipient d'eau à l'intérieur pour créer de la buée. Mettez au four 20 minutes en surveillant bien la coloration. Sortez le pain du four et laissez-le refroidir sur une grille.

Galette complète façon ch'ti

Préparation : 20 minutes • Repos : 1 heure • Cuisson : 10 minutes • Difficulté : ★ Budget : ★

Pour 6 personnes

250 g de farine de sarrasin * 1 œuf * 40 g de beurre * 6 tranches de jambon blanc * 150 g de maroilles * Sel

Mélangez la farine de sarrasin, une pincée de sel, l'œuf et le beurre fondu, puis ajoutez 50 cl d'eau petit à petit. Laissez reposer 1 heure.

Réalisez les galettes à l'aide d'une poêle légèrement graissée.

Pour la garniture, placez au centre d'une galette une tranche de jambon et le maroilles coupé en tranches. Repliez la galette puis placez-la dans son assiette sous le gril du four. Confectionnez les autres galettes de la même façon. Servez aussitôt.

Gâteau de pomme de terre au canard et au maroilles

Préparation : 30 minutes • Cuisson : 40 minutes • Difficulté : ★ Budget : ★

Pour 4 personnes

600 g de pommes de terre * 24 filets de magrets de canard fumé * 2 œufs * 10 cl de lait * 2 cuil. à soupe de crème de maroilles * Sel et poivre

Épluchez et coupez les pommes de terre en fines lamelles à l'aide d'une mandoline. Mettez-les à cuire dans un panier vapeur 10 minutes.

Placez 2 tranches de canard fumé dans 4 moules individuels en silicone. Rangez de façon régulière les lamelles de pomme de terre en les faisant se chevaucher. Intercalez les tranches de canard entre les différentes couches de pomme de terre, de manière à remplir les moules.

Fouettez les œufs, le lait, la crème de maroilles, salez et poivrez à votre goût. Versez ce mélange sur les pommes de terre et enfournez pour 30 minutes à 180 °C (th. 6).

À la sortie du four, attendez 5 minutes puis démoulez et servez.

Gratin de courgettes au maroilles

Préparation : 20 minutes • Cuisson : 55 minutes • Difficulté : ★ Budget : ★

Pour 4 personnes
2 oignons * 1 cuil. à soupe d'huile d'olive * 800 g de courgettes * 2 gousses d'ail * 1 cuil. à soupe de ciboulette * 1 cuil. à soupe de farine * 1 œuf * 80 g de maroilles * Sel et poivre

Épluchez et émincez les oignons, faites-les légèrement dorer dans une grande poêle avec l'huile d'olive.
Lavez les courgettes, coupez-les en petits dés et ajoutez-les aux oignons. Ajoutez l'ail réduit en purée et la ciboulette. Salez et poivrez. Mélangez bien et laissez cuire sur feu doux en mélangeant régulièrement.
Lorsque les courgettes sont bien cuites, au bout de 25 minutes environ, écrasez le tout à la fourchette. Hors du feu, ajoutez la farine, l'œuf battu en omelette et la moitié du fromage coupé en petits dés.
Versez les courgettes dans un plat à gratin beurré, déposez le restant du fromage coupé en lamelles et mettez au four 20 minutes à 200 °C (th. 6-7).

Gratin de macaroni au poulet et au maroilles

Préparation : 20 minutes • Cuisson : 45 minutes • Difficulté : ★ Budget : ★

Pour 6 personnes
300 g de macaroni * 3 escalopes de poulet * 20 g de margarine * 30 cl de crème liquide entière * 300 g de maroilles * 150 g de champignons de Paris en boîte * Beurre* Sel et poivre

Préchauffez le four à 180 °C (th. 6).
Mettez les macaroni à cuire dans une grande casserole d'eau bouillante salée en respectant le temps de cuisson indiqué sur l'emballage.
Coupez les escalopes en morceaux et mettez-les à dorer dans une poêle avec la margarine 5 minutes.
Dans une casserole, mettez la crème à bouillir, puis 150 g de maroilles à fondre.
Mélangez les pâtes, les champignons égouttés, le poulet, salez, poivrez puis placez le tout dans un plat à gratin ou 6 plats individuels beurrés. Nappez avec la crème au fromage puis couvrez avec le fromage restant coupé en tranches.
Mettez au four pour 15 minutes pour que le fromage soit bien gratiné.

Lasagnes forestières au maroilles

Préparation : 30 minutes • Cuisson : 1 heure • Difficulté : ★ Budget : ★★

Pour 4 personnes

45 g de beurre * 30 g de farine * 30 cl de lait * 150 g de maroilles * 2 échalotes * 1 cuil. à soupe d'huile d'olive * 450 g de mélange de champignons forestiers * 50 g de lardons allumettes fumés * 1 cuil. à soupe de persil haché * 3 feuilles de lasagne fraîches (grandes)* Sel et poivre

Préchauffez le four à 180 °C (th. 6).

Dans une casserole, faites fondre 30 g de beurre. Hors du feu, ajoutez la farine puis incorporez le lait chaud. Faites épaissir sur feu doux sans cesser de mélanger. Salez, poivrez, ajoutez 75 g de maroilles coupé en dés, mélangez jusqu'à ce qu'il soit totalement fondu.

Épluchez et émincez les échalotes. Faites-les fondre dans l'huile d'olive sans trop les colorer. Ajoutez les champignons émincés, les lardons et poursuivez la cuisson jusqu'à l'évaporation de l'eau de végétation. Salez, poivrez et ajoutez le persil haché.

Beurrez un plat à gratin, étalez une fine couche de béchamel dans le fond. Placez une feuille de lasagne, répartissez la moitié des champignons puis à nouveau de la béchamel. Renouvelez ces 3 opérations pour finir par la troisième feuille de lasagne et le restant de béchamel.

Déposez le restant de maroilles coupé en fines lamelles et mettez au four 20 minutes.

Mijoté de râbles de lapin

Préparation : 30 minutes • Cuisson : 55 minutes • Difficulté : ★ Budget : ★★

Pour 4 personnes
4 râbles de lapin * 1 cuil. à soupe de margarine * 1 oignon * 1 branche de romarin * 30 cl de bière brune * 15 cl de crème liquide entière * 150 g de maroilles * Sel et poivre

Faites dorer les râbles de lapin sur les 2 faces dans la margarine. Retirez le lapin et mettez l'oignon émincé à dorer légèrement.
Replacez le lapin dans la sauteuse, salez, poivrez, ajoutez le romarin puis arrosez de bière. Couvrez et laissez mijoter ainsi sur feu doux 30 minutes. Retournez de temps en temps les morceaux de lapin et ajoutez un peu d'eau si besoin.
Ajoutez la crème, le maroilles coupé en dés et laissez de nouveau cuire 5 minutes. Servez accompagné de riz ou de pâtes fraîches.

Moelleux au cœur de maroilles

Préparation : 20 minutes • Cuisson : 20 minutes • Difficulté : ★ Budget : ★

Pour 6 personnes

3 œufs * 160 g de farine * 1 cuil. à café de levure chimique * 2 cuil. à soupe d'huile * 8 cl de crème liquide * 30 g de noix * 20 g de raisins secs * 150 g de maroilles * Sel

Mélangez les œufs avec la farine, la levure, l'huile et une pincée de sel. Ajoutez la crème, les noix réduites en poudre et les raisins secs. Mélangez bien.

Versez la pâte dans 6 moules individuels beurrés ou en silicone. Placez au centre de chaque moelleux un carré de maroilles, enfoncez-le légèrement puis mettez au four 20 minutes à 180 °C (th. 6).

À la sortie du four, attendez 5 minutes puis démoulez et servez.

Omelettes soufflées

Préparation : 15 minutes • Cuisson : 15 minutes • Difficulté : ★ Budget : ★

Pour 2 personnes
4 œufs * 1 cuil. à soupe de crème de maroilles * 1 cuil. à soupe de ciboulette ciselée * 40 g de jambon en dés * 1 cuil. à café de margarine * 8 tomates cerise * Roquette* Sel et poivre

Battez 2 œufs et 2 jaunes (en conservant les blancs) en omelette. Ajoutez la crème de maroilles, la ciboulette et les dés de jambon. Salez légèrement et poivrez. Battez les 2 blancs d'œufs restants en neige et incorporez-les à l'omelette. Mettez 2 mini poêles à blinis en fonte ou en métal (pas de manche en plastique) à chauffer. Graissez-les avec la margarine puis versez l'omelette. Laissez cuire 10 minutes en baissant le feu au bout de 2 minutes.
Placez les omelettes dans leurs poêles, dans un four à 180 °C (th. 6) pendant 5 minutes. À la sortie du four, déposez des tomates cerise coupées en deux, de la roquette et des brins de ciboulette. Servez aussitôt.

Osso-buco de dinde à la lilloise

Préparation : 20 minutes • Cuisson : 55 minutes • Difficulté : ★ Budget : ★

Pour 4 personnes

800 g d'osso-buco de dinde * 2 cuil. à soupe d'huile * 2 échalotes * 3 gousses d'ail * 2 feuilles de laurier * 1 cuil. à soupe de fond de veau * 15 cl de vin blanc sec * 500 g de julienne de légumes surgelée * 200 g de maroilles * Sel et poivre

Faites revenir les morceaux de dinde sur les 2 faces dans l'huile. Ajoutez les échalotes émincées, l'ail haché, le laurier et le fond de veau. Arrosez avec le vin et 10 cl d'eau. Salez légèrement et poivrez.

Portez à ébullition puis couvrez et laissez cuire à feu doux pendant 20 minutes.

Ajoutez la julienne de légumes décongelée et égouttée, poursuivez la cuisson 10 minutes. Coupez le maroilles en dés et placez-le dans la sauce, poursuivez la cuisson 5 minutes, le temps de faire fondre le fromage.

Mélangez et servez accompagné de pâtes fraîches.

Pizza ch'ti

Préparation : 30 minutes • Repos : 1 heure • Cuisson : 30 minutes • Difficulté : ★ Budget : ★

Pour 4 personnes

Pour la pâte à pizza : 300 g de farine * 1 cuil. à café de sel * 1 cuil. à café de levure de boulanger déshydratée * 1 cuil. à soupe d'huile d'olive

Pour la garniture : 1 oignon * 20 g de margarine * 10 cl de coulis de tomates * 50 g de fromage râpé * 50 g de lardons allumettes fumés * 3 champignons de Paris * 150 g de maroilles * 1 cuil. à café d'origan déshydraté

Faites un puits avec la farine, ajoutez au centre le sel, la levure, l'huile puis 20 cl d'eau. Pétrissez jusqu'à obtenir une boule de pâte homogène et souple. Laissez reposer 1 heure recouvert d'un torchon, dans un endroit tempéré à l'abri des courants d'air, pour que la pâte double de volume. Épluchez et émincez l'oignon, mettez-le à suer dans une poêle avec la margarine, sans le faire colorer, pendant 10 minutes. Salez puis laissez refroidir. Préchauffez le four à 240 °C (th. 8). Étalez la pâte très finement sur une plaque de cuisson légèrement farinée, étalez le coulis de tomates, répartissez le fromage râpé, l'oignon, les lardons, les champignons émincés puis le maroilles coupé en lamelles. Saupoudrez d'origan.

Mettez au four jusqu'à ce que la pâte soit cuite, ce qui prend de 15 à 20 minutes. Servez-la aussitôt ou dégustez-la froide.

Pommes de terre au four

Préparation : 15 minutes • Cuisson : 45 minutes • Difficulté : ★ Budget : ★

Pour 4 personnes

4 pommes de terre (grosses)* 4 cuil. à soupe de crème entière * 100 g de maroilles * 1 cuil. à café de ciboulette ciselée * Sel et poivre

Lavez les pommes de terre, piquez-les 3 fois avec la pointe d'un couteau. Placez-les chacune dans un carré de papier d'aluminium. Fermez hermétiquement ces papillotes et mettez-les au four 40 minutes à 200 °C (th. 6-7).

Lorsqu'elles sont cuites, coupez le dessus des pommes de terre avec une petite cuillère. Récupérez la chair ainsi que celle du chapeau afin d'y ajouter la crème et d'écraser le tout à la fourchette.

Réservez 4 fines tranches de maroilles puis coupez le reste en dés. Mélangez les dés à la purée de pommes de terre et passez le plat au micro-ondes 30 secondes pour faire fondre le fromage. Ajoutez la ciboulette ciselée, salez et poivrez.

Remplissez les pommes de terre de ce mélange puis déposez une tranche de maroilles avant de les passer sous le grill 5 minutes. Servez en accompagnement d'une viande et d'une salade d'endives.

Poulet au maroilles

Préparation : 20 minutes • Cuisson : 1 h 15 • Difficulté : ★ Budget : ★

Pour 6 personnes

6 cuisses de poulet * 30 g de margarine * 1 oignon * 12,5 cl de bière * 40 cl de crème liquide entière * 200 g de maroilles * Sel et poivre

Dans une sauteuse, faites dorer les cuisses de poulet avec la margarine.

Retirez la viande et faites revenir l'oignon.

Replacez les cuisses de poulet dans la sauteuse, salez, poivrez et arrosez de bière. Couvrez et laissez cuire à feu doux 40 minutes. Retournez la viande de temps en temps et ajoutez de l'eau si besoin.

Dans une casserole, versez la crème et ajoutez le maroilles coupé en dés avec sa croûte. Portez à ébullition jusqu'à ce que le fromage soit totalement fondu.

Versez la sauce sur le poulet, laissez cuire encore 10 minutes et servez.

Purée gourmande gratinée

Préparation : 15 minutes • Cuisson : 30 minutes • Difficulté : ★ Budget : ★

Pour 4 personnes
800 g de pommes de terre à chair fondante * 150 g de maroilles * 8 cl de crème liquide * 12 cl de lait entier * Sel et poivre

Épluchez et coupez les pommes de terre en gros morceaux. Mettez-les à cuire 20 minutes dans une grande casserole d'eau bouillante salée.
Égouttez les pommes de terre puis, sans attendre, passez-les encore chaudes au moulin à légumes.
Mettez le fromage à fondre dans la crème. Ajoutez petit à petit le lait puis la crème à la purée. Salez et poivrez. Mélangez et ajoutez du lait si besoin.
Remplissez 4 ramequins de purée puis déposez un morceau de fromage sur le dessus. Mettez la purée à gratiner 10 minutes dans un four à 200 °C (th. 6-7).

Quiche aux épinards et maroilles

Préparation : 40 minutes • Cuisson : 55 minutes • Difficulté : ★ Budget : ★

Pour 6 personnes
400 g d'épinards en branches surgelés * 1 oignon * 1 cuil. à soupe de margarine * 1 pâte feuilletée * 15 cl de crème liquide * 120 g de maroilles (+ 6 tranches) * 2 œufs * Sel et poivre

Décongelez les épinards et égouttez-les.
Émincez l'oignon et faites-le dorer avec la margarine. Ajoutez les épinards et laissez mijoter 5 minutes jusqu'à ce que l'eau de végétation soit évaporée. Salez et poivrez.
Placez la pâte feuilletée dans un moule à tarte ou 6 moules individuels. Piquez le fond avec une fourchette et replacez la tourtière au frais pendant la préparation de la garniture.
Mélangez la crème, le fromage et les œufs. Ajoutez les épinards, mélangez bien et versez cette préparation sur le fond de tarte. Déposez une tranche de maroilles sur le dessus et mettez au four de 30 à 40 minutes à 180 °C (th. 6).
Servez chaud ou froid, accompagné d'une salade.

Risotto de blé

Préparation : 20 minutes • Cuisson : 25 minutes • Difficulté : ★ Budget : ★

Pour 4 personnes
2 échalotes * 1 cuil. à soupe d'huile d'olive * 280 g de blé * 1 l de bouillon de légumes * 100 g de maroilles * 15 cl de crème entière * Poivre

Épluchez et hachez les échalotes, faites-les fondre dans l'huile d'olive sans les faire trop colorer. Ajoutez le blé, faites revenir 1 minute en mélangeant constamment.
Versez une louche de bouillon de légumes. Laissez cuire jusqu'à l'absorption complète du liquide. Puis, comme pour le risotto classique, continuez d'ajouter le bouillon louche par louche.
Vérifiez l'assaisonnement. En général, il n'y a pas besoin de saler, il suffit de poivrer.
Ajoutez le maroilles coupé en dés et la crème liquide. Mélangez, arrêtez le feu et couvrez 5 minutes. Mélangez de nouveau et servez aussitôt.

Rôti de porc façon Orloff

Préparation : 20 minutes • Cuisson : 45 minutes • Difficulté : ★ Budget : ★

Pour 6 personnes
2 cuil. à soupe d'huile d'olive * 1,2 kg de rôti de porc * 1 oignon * 2 gousses d'ail * 8 tranches de maroilles * 8 tranches de lards fumés * Sel et poivre

Mettez l'huile à chauffer dans une cocotte. Faites dorer le rôti de porc ficelé sur toutes ses faces. Lorsque la viande est bien dorée, retirez-la et mettez l'oignon émincé et l'ail haché à fondre.
Retirez la ficelle du rôti, coupez-le en tranches sans l'entailler complètement. Placez le maroilles coupé en tranches et le lard fumé entre chaque tranche de viande. Ficelez de nouveau le rôti et replacez-le dans la cocotte avec l'oignon et l'ail.
Salez légèrement, poivrez et arrosez avec 20 cl d'eau. Mettez 45 minutes au four à 180 °C (th. 6) en arrosant le rôti très régulièrement.

Roulés de dinde au cœur de maroilles

Préparation : 30 minutes • Cuisson : 20 minutes • Difficulté : ★ Budget : ★

Pour 6 personnes
6 escalopes de dinde (fines) * 6 tranches de bacon * 150 g de maroilles * 2 cuil. à soupe d'huile d'olive * Poivre

Étalez les escalopes, si besoin affinez-les avec un maillet. Placez au centre une tranche de bacon et un morceau de fromage. Roulez les escalopes et maintenez-les à l'aide de ficelle alimentaire.
Mettez les roulés à dorer dans une poêle avec l'huile d'olive sur feu vif.
Placez-les ensuite dans un plat allant au four, ajoutez 15 cl d'eau et laissez cuire 10 minutes à 180 °C (th. 6). Poivrez mais ne salez pas car le bacon et le maroilles sont déjà très salés.
Ajoutez 50 g de maroilles dans le plat pour lier la sauce et poursuivez la cuisson 5 minutes.
À la sortie du four, retirez délicatement la ficelle et servez accompagné de légumes.

Soupe de légumes verts au maroilles

Préparation : 20 minutes • Cuisson : 45 minutes • Difficulté : ★ Budget : ★

Pour 6 personnes

1 oignon * 1 cuil. à soupe d'huile d'olive * 1 courgette * 2 poireaux * 150 g de haricots verts surgelés * 1 pomme de terre * 2 cubes de bouillon * 300 g de maroilles * Sel et poivre

Faites revenir l'oignon émincé dans l'huile le temps qu'il devienne translucide mais sans le faire colorer.

Ajoutez les légumes verts et la pomme de terre coupés en morceaux. Couvrez avec 1 l d'eau et ajoutez les cubes de bouillon. Salez et poivrez.

Mettez à cuire 30 minutes, tous les légumes devant être tendres. Mixez le tout puis ajoutez la moitié du maroilles coupé en dés sans la croûte. Poursuivez la cuisson sur feu doux en mélangeant régulièrement jusqu'à ce que le fromage soit totalement fondu.

Vérifiez l'assaisonnement et servez accompagné du restant de maroilles, coupé en dés.

Tarte au maroilles

Préparation : 30 minutes • Repos : 1 heure • Cuisson : 25 minutes • Difficulté : ★ Budget : ★

Pour 6 personnes

Pour la pâte à pain : 300 g de farine * 1 cuil. à café de levure chimique * 1 cuil. à café de sel
Pour la garniture : 350 g de maroilles * 150 g de crème semi-épaisse allégée

Faites un puits avec la farine, ajoutez au centre le sel, la levure puis 18 cl d'eau. Pétrissez jusqu'à obtention d'une boule de pâte homogène et souple. Laissez-la reposer 1 heure, sous un torchon, dans un endroit tempéré à l'abri des courants d'air, pour que la pâte double de volume.
Étalez cette pâte sur une plaque de cuisson légèrement farinée. Coupez le maroilles en tranches sans enlever la croûte et disposez-les sur la pâte. Étalez la crème sur le fromage.
Mettez dans le four à 180 °C (th. 6), environ 25 minutes, jusqu'à ce que le fromage fonde et commence à dorer.
Servez accompagné d'une salade.

Tarte aux oignons et au maroilles

Préparation : 30 minutes • Cuisson : 30 minutes • Difficulté : ★ Budget : ★

Pour 4 personnes

4 oignons (gros)* 20 g de margarine * 1 cuil. à soupe d'huile d'olive * 1 cuil. à café de sucre * 1 pâte feuilletée * 200 g de maroilles * Sel et poivre

Épluchez et émincez les oignons. Chauffez la margarine mélangée à l'huile et mettez les oignons à blondir, ajoutez le sucre et surveillez bien qu'ils ne brûlent pas. Laissez cuire 10 minutes en mélangeant régulièrement. Salez, poivrez et laissez refroidir.
Étalez la pâte feuilletée dans un moule à tarte, répartissez les oignons puis le maroilles coupé en morceaux avec sa croûte.
Mettez dans le four à 200 °C (th. 6-7) environ 20 minutes.
Servez aussitôt ou bien dégustez cette tarte froide.

Barquettes d'endives aux sardines

Préparation : 30 minutes • Difficulté : ★ Budget : ★

Pour 6 personnes

2 endives * 2 boîtes de sardines à l'huile * 1 tomate * ¼ de concombre * 4 branches de persil plat * 1 cuil. à soupe de jus de citron * Sel et poivre

Coupez la base des endives puis retirez les premières feuilles abîmées si besoin. Effeuillez totalement les endives et placez les plus grandes feuilles sur un plat.

Placez les sardines sur une assiette, séparez les filets et retirez l'arête centrale puis déposez-les sur les feuilles d'endives.

Coupez la chair de la tomate en petits dés ainsi que le concombre épépiné. Répartissez-les sur les filets de sardine ainsi que le persil haché.

Récupérez 2 cuil. à soupe d'huile de sardine, ajoutez le jus de citron, salez et poivrez. Versez un peu de cette vinaigrette sur chaque barquette. Réservez au frais.

Cake aux endives et lardons

Préparation : 40 minutes • Cuisson : 50 minutes • Difficulté : ★ Budget : ★

Pour 6 personnes

Pour la poêlée : 1 échalote * 20 g de margarine * 60 g de lardons allumettes * 2 endives

Pour le cake : 2 œufs * 120 g de farine * ½ cuil. à café de levure chimique * 6 cl d'huile d'olive * 5 cl de lait * 50 g de gruyère râpé * Sel et poivre

Faites suer l'échalote émincée dans une poêle avec la margarine ainsi que les lardons allumettes. Nettoyez les endives, émincez-les et ajoutez-les dans la poêle, salez, poivrez et laissez cuire 20 minutes en mélangeant régulièrement.

Préchauffez le four à 180 °C (th. 6).

Mélangez les œufs avec la farine, la levure, l'huile, 1 pincée de sel et de poivre. Ajoutez le lait tiédi, le fromage râpé, la poêlée d'endives. Versez la préparation dans 6 moules à cake individuels préalablement beurrés et farinés ou en silicone.

Mettez au four 30 minutes. À la sortie du four, attendez 5 minutes puis démoulez et laissez refroidir le cake sur une grille.

Cappuccino d'endives et champignons

Préparation : 20 minutes • Repos : 4 heures • Cuisson : 50 minutes • Difficulté : ★★ Budget : ★

Pour 4 personnes
Pour la mousse : 2 échalotes * 20 g de margarine * 2 endives * 15 cl de crème entière
Pour la crème : 3 endives * 100 g de champignons * 20 g de margarine * 1 cube de bouillon * 3 cuil. à soupe de crème entière * Sel et poivre

Faites suer les échalotes émincées dans une poêle avec la margarine. Nettoyez les endives, émincez-les, retirez le cœur plus dur et ajoutez-les dans la poêle, salez, poivrez et laissez cuire 20 minutes en mélangeant régulièrement. Laissez refroidir.

Placez la fondue d'endives dans le bol d'un blender avec la crème et mixez jusqu'à ne plus avoir le moindre morceau. Placez la crème au chinois et versez-la dans un siphon. Ajoutez une cartouche de gaz et placez le siphon au réfrigérateur pendant 4 heures minimum.

Pour la soupe, émincez les endives et les champignons, faites-les revenir dans la margarine jusqu'à ce qu'ils soient fondants mais sans colorer. Ajoutez le cube de bouillon, poivrez et couvrez d'eau. Faites cuire à couvert durant 30 minutes puis mixez et ajoutez la crème. Rectifiez l'assaisonnement.

Versez la soupe dans des verrines et déposez un nuage de mousse après avoir bien secoué le siphon. Servez aussitôt.

Chausson d'endives au camembert

Préparation : 30 minutes • Cuisson : 50 minutes • Difficulté : ★ Budget : ★

Pour 4 personnes
4 endives * 2 cuil. à soupe d'huile d'olive * 1 cuil. à café de sucre * 300 g de pâte feuilletée * 1 jaune d'œuf * 1 camembert * 1 cuil. à soupe de graines de sésame * Sel et poivre

Coupez les endives en deux, enlevez le cœur et ciselez-les. Faites-les revenir dans une poêle avec de l'huile. Saupoudrez de sucre, salez, poivrez et laissez cuire 20 minutes à couvert en mélangeant régulièrement.
À l'aide d'un emporte-pièce, découpez 8 disques de pâte feuilletée de 10 cm de diamètre. Placez 4 disques sur une plaque de cuisson recouverte de papier sulfurisé. Diluez le jaune d'œuf avec 2 cuil. à café d'eau, badigeonnez le bord externe des 4 disques.
Déposez au centre les endives puis un morceau de camembert. Recouvrez d'un second disque de pâte, soudez les bords en pressant puis badigeonnez le dessus de jaune d'œuf et saupoudrez de graines de sésame.
Mettez au four 30 minutes à 180 °C (th. 6). Servez accompagné d'une salade.

Chutney d'endives

Préparation : 20 minutes • Cuisson : 1 heure • Difficulté : ★ Budget : ★

Pour 6 personnes
1 kg d'endives * 3 échalotes * 4 cuil. à soupe d'huile * 40 g de miel * 100 g de sucre roux * 20 cl de vin blanc * 4 cuil. à soupe de vinaigre * 80 g de raisins secs * Sel et poivre

Nettoyez et coupez les endives en rondelles et retirez la partie centrale plus dure.

Faites revenir les échalotes émincées dans l'huile. Ajoutez les endives et faites-les dorer légèrement. Ajoutez le miel, le sucre, le vin et le vinaigre. Salez, poivrez et laissez mijoter à feu doux 1 heure en mélangeant régulièrement.

Vingt minutes avant la fin, ajoutez les raisins secs.

Servez froid en accompagnement d'une viande, de foie gras ou de fromage.

Crème d'endives et foie gras

Préparation : 30 minutes • Cuisson : 1 heure • Difficulté : ★ Budget : ★★★

Pour 4 personnes
1 kg d'endives * 2 échalotes * 20 g de beurre * 1 cuil. à soupe de sucre * 20 cl de crème liquide entière * 20 cl de lait * 4 escalopes de foie gras * Fleur de sel* Sel et poivre

Nettoyez et coupez les endives en rondelles puis retirez la partie centrale plus dure.
Faites revenir les échalotes émincées dans le beurre. Ajoutez les endives et faites-les suer 10 minutes. Saupoudrez de sucre, salez et laissez cuire 30 minutes à couvert en mélangeant régulièrement.
Ajoutez la crème liquide, le lait et portez à ébullition. Placez le tout dans le bol d'un mixeur et mixez quelques secondes jusqu'à l'obtention d'une crème homogène.
Juste avant de servir, poêlez sur feu vif les escalopes de foie gras.
Versez la crème d'endives bien chaude dans 4 assiettes creuses puis ajoutez les escalopes coupées en morceaux. Saupoudrez de fleur de sel et de poivre du moulin. Servez aussitôt.

Croque du Nord et salade d'endives

Préparation : 15 minutes • Cuisson : 10 minutes • Difficulté : ★ Budget : ★

Pour 4 personnes

8 tranches de pain de mie * 8 tranches de maroilles * 2 tranches de jambon blanc * Beurre* 1 salade verte * 2 endives * 1 cuil. à soupe d'huile d'olive * 2 cuil. à café de vinaigre de noix * 20 g de noix * Sel et poivre

Placez entre 2 tranches de pain de mie 2 tranches de maroilles et ½ tranche de jambon. Beurrez légèrement le pain sur l'extérieur. Préparez ainsi 4 croque-monsieur et placez-les sur une plaque de cuisson recouverte de papier sulfurisé. Mettez au four 10 minutes à 220 °C (th. 7-8).

Pendant la cuisson, préparez la salade. Nettoyez et coupez les endives en tronçons.

Dans un saladier, mélangez l'huile et le vinaigre. Salez et poivrez. Ajoutez les endives et les noix coupées en morceaux.

Servez les croque-monsieur bien chauds accompagnés de salade.

Crumble d'endives

Préparation : 30 minutes • Cuisson : 40 minutes • Difficulté : ★ Budget : ★

Pour 6 personnes
Pour la pâte à crumble : 60 g de beurre * 60 g de farine * 60 g de flocons d'avoine * Sel
Pour la garniture : 1 kg d'endives * 30 g de margarine * 80 g de roquefort * Poivre du moulin

Travaillez le beurre à la fourchette, ajoutez la farine et les flocons d'avoine, salez et travaillez l'ensemble jusqu'à l'obtention d'un gros crumble. Réservez au frais.

Nettoyez les endives, émincez-les et faites-les revenir dans la margarine, salez, poivrez et laissez cuire 20 minutes en mélangeant régulièrement.

Beurrez 4 ramequins individuels, répartissez-y les endives et le roquefort coupé en morceaux. Recouvrez de pâte à crumble émiettée puis placez les plats au four 20 minutes à 200 °C (th. 6-7).

Servez bien chaud en accompagnement d'une viande.

Endives braisées

Préparation : 20 minutes • Cuisson : 1 h 05 •
Difficulté : ★ Budget : ★

Pour 4 personnes

2 oignons * 1 cuil. à soupe de margarine * 8 endives * 2 cuil. à café de sucre * 150 g de maroilles * Sel et poivre

Émincez les oignons et faites-les fondre avec la margarine dans une cocotte. Retirez-les lorsqu'ils commencent à dorer.

Ôtez la base et les feuilles abîmées des endives. Placez-les dans la cocotte, ajoutez de la margarine si besoin et mettez-les à dorer sur toutes les faces. Saupoudrez de sucre puis faites-les caraméliser en les retournant régulièrement.

Replacez les oignons dans la cocotte. Salez, poivrez, arrosez d'un grand verre d'eau et laissez mijoter à couvert sur feu doux pendant 20 minutes.

Transférez les endives et les oignons dans un plat à gratin, couvrez de maroilles coupé en tranches. Mettez au four 15 minutes à 200 °C (th. 6-7).

Endives et cabillaud en papillote

Préparation : 20 minutes • Cuisson : 20 minutes •
Difficulté : ★ Budget : ★

Pour 4 personnes

6 endives * 2 oranges non traitées * 4 pincées de sucre * 4 dos de cabillaud * 4 cuil. à soupe d'huile d'olive * 1 cuil. à soupe de coriandre moulue * Sel et poivre

Lavez les endives, coupez leur base puis émincez-les.

Prélevez le zeste d'une orange puis épluchez-la à vif et découpez les quartiers délicatement. Placez-vous au-dessus d'un bol pour récupérer le jus et pressez le reste de l'orange une fois les quartiers prélevés.

Disposez les endives émincées sur 4 grands rectangles de papier sulfurisé. Formez un tas au centre puis saupoudrez-les de sucre. Placez le dos de cabillaud sur les endives ainsi que les quartiers d'orange. Arrosez le tout de jus d'orange, d'huile d'olive, saupoudrez de coriandre, salez et poivrez.

Repliez les feuilles de papier sulfurisé afin de fermer les papillotes hermétiquement. Agrafez les extrémités.

Placez les papillotes sur une plaque de cuisson et mettez-les dans un four à 180 °C (th. 6) pendant 20 minutes. Servez aussitôt.

Endives et saumon au four

Préparation : 30 minutes • Cuisson : 40 minutes • Difficulté : ★ Budget : ★★

Pour 4 personnes

8 endives * 30 g de beurre * 1 cuil. à café de sucre * 300 g de pommes de terre * 4 pavés de saumon * 20 cl de crème liquide entière * 2 cuil. à soupe de sauce soja * 1 cuil. à café d'aneth * 1 oignon rouge * Sel et poivre

Nettoyez les endives, coupez-les en 2 dans le sens de la longueur et mettez-les à dorer sur les 2 faces dans une sauteuse avec le beurre et le sucre. Baissez le feu, ajoutez 1/2 verre d'eau, salez, poivrez et laissez cuire 20 minutes.
Mettez les pommes de terre à cuire dans une grande casserole d'eau salée. Coupez-les en rondelles et placez-les dans le fond du plat. Déposez au-dessus les pavés de saumon et les endives.
Nappez l'ensemble de crème, de sauce soja, saupoudrez d'aneth et répartissez l'oignon rouge émincé. Poivrez et mettez au four 10 minutes à 180 °C (th. 6). Couvrez de papier d'aluminium et poursuivez la cuisson 10 minutes.

Endives marinées

Préparation : 20 minutes • Repos : 25 heures • Cuisson : 20 minutes • Difficulté : ★ Budget : ★

Pour 4 personnes

8 endives * 3 gousses d'ail * 1 cuil. à café de thym * 1 cuil. à café d'origan * 15 cl de vinaigre balsamique blanc * 30 cl d'huile d'olive * Sel et poivre

Nettoyez les endives, coupez-les et mettez-les à cuire 20 minutes dans un cuit-vapeur : elles doivent être fondantes.
Épluchez et hachez finement l'ail. Placez les endives sur un plat, saupoudrez-les d'herbes et d'ail puis arrosez-les de vinaigre balsamique. Salez et poivrez puis laissez reposer au frais pendant 1 heure.
Rangez les endives dans un bocal ou dans un plat afin d'occuper un maximum d'espace puis couvrez d'huile d'olive. Fermez hermétiquement et laissez reposer 24 heures au frais.

Endives rôties au miel et au romarin

Préparation : 20 minutes • Cuisson : 50 minutes • Difficulté : ★ Budget : ★

Pour 4 personnes
8 endives * 2 cuil. à soupe de miel * 3 cuil. à soupe d'huile d'olive * 2 cuil. à soupe de sauce soja * 3 branches de romarin * Sel et poivre

Lavez les endives, coupez leurs bases, retirez les feuilles abîmées et rangez-les dans un plat. Piquez-les avec un couteau en 3 endroits.
À l'aide d'un pinceau, badigeonnez les endives de miel puis arrosez-les d'huile d'olive et de sauce soja. Salez très légèrement et poivrez. Versez un peu d'eau dans le fond du plat et répartissez le romarin.
Couvrez d'une feuille d'aluminium et placez au four 20 minutes à 200 °C (th. 6-7). Retirez l'aluminium, et poursuivez la cuisson 30 minutes en retournant les endives au bout de 20 minutes. Pensez à ajouter un peu d'eau dans le fond du plat s'il en manque. Si les endives brunissent trop, baissez le four à 180 °C (th. 6). Servez aussitôt.

Flan d'endives

Préparation : 20 minutes • Cuisson : 1 heure • Difficulté : ★ Budget : ★

Pour 4 personnes
2 échalotes * 20 g de margarine * 4 endives * 2 pincées de sucre * 3 œufs * 20 cl de crème liquide * 50 g de lardons allumettes * 80 g d'emmental râpé * Sel et poivre

Émincez les échalotes et faites-les revenir dans une poêle avec la margarine. Nettoyez les endives, émincez-les, retirez le cœur plus dur et ajoutez-les dans la poêle. Versez un fond d'eau, ajoutez le sucre et laissez cuire 30 minutes en mélangeant régulièrement. Salez et poivrez.
Mixez les endives, ajoutez les œufs battus en omelette, la crème, les lardons, le fromage et mélangez bien.
Remplissez 4 ramequins beurrés et mettez au four 30 minutes à 180 °C (th. 6).
Laissez refroidir et placez au frais.

Fondue d'endives et gambas

Préparation : 30 minutes • Cuisson : 32 minutes • Difficulté : ★ Budget : ★★

Pour 6 personnes
3 échalotes * 20 g de margarine * 6 endives * 120 g de fromage frais aux herbes (ail)* 18 gambas * 20 g de beurre *
Sel et poivre

Faites suer les échalotes émincées dans une poêle avec la margarine. Nettoyez les endives, émincez-les et ajoutez-les dans la poêle, salez, poivrez et laissez cuire 30 minutes en mélangeant régulièrement.
Ajoutez le fromage frais et mélangez jusqu'à ce qu'il soit totalement dissous.
Décortiquez les gambas en laissant l'extrémité des queues. Mettez-les à cuire 2 minutes dans une poêle avec le beurre.
Salez et poivrez.
Dressez la fondue d'endives et les gambas dans des assiettes creuses ou ramequins et servez aussitôt.

Gaspacho d'endives carmine et betterave

Préparation : 20 minutes • Repos : 2 heures • Cuisson : 20 minutes • Difficulté : ★ Budget : ★

Pour 6 personnes

1 oignon * 20 g de margarine * 5 endives carmine * 2 pincées de sucre * 120 g de betteraves cuites * 1 cuil. à soupe de vinaigre de framboise * Sel et poivre

Faites suer l'oignon émincé dans une poêle avec la margarine sans colorer. Nettoyez les endives, émincez-les et ajoutez-les dans la poêle, saupoudrez de sucre, salez, poivrez. Versez 10 cl d'eau et laissez cuire 20 minutes sur un feu très doux en mélangeant régulièrement.

Placez les endives cuites dans un blender, ajoutez la betterave coupée en dés et le vinaigre de framboise. Ajoutez 50 cl d'eau et mixez. Placez au frais 2 heures.

Au moment de servir, versez le gaspacho dans des verrines, ajoutez un peu d'endive carmine finement émincée et quelques framboises. Servez très frais.

Gratin d'endives au chèvre

Préparation : 30 minutes • Cuisson : 50 minutes • Difficulté : ★ Budget : ★

Pour 6 personnes
500 g de pommes de terre * 1 kg d'endives * 30 g de margarine * 100 g de lardons * 200 g de crème fraîche épaisse * 1 bûche de chèvre * Sel et poivre

Épluchez et coupez les pommes de terre en morceaux. Faites-les cuire à la vapeur 10 minutes.
Nettoyez les endives, émincez-les et faites-les revenir dans la margarine avec les lardons, salez légèrement, poivrez et laissez cuire 20 minutes en mélangeant régulièrement.
Beurrez un plat à gratin ou 6 plats individuels, répartissez les endives et les pommes de terre. Nappez de crème fraîche puis déposez des rondelles de fromage de chèvre.
Mettez le plat au four 20 minutes à 200 °C (th. 6-7) et servez accompagné d'une salade.

Lasagnes d'endives

Préparation : 30 minutes • Cuisson : 50 minutes • Difficulté : ★ Budget : ★

Pour 4 personnes
8 endives
Pour la sauce bolognaise : 2 oignons * 2 gousses d'ail * 40 g de margarine * 500 g de viande hachée * 30 cl de sauce tomate * 10 cl de bouillon de légumes * 1 bouquet garni * Sel et poivre
Pour la sauce béchamel : 50 g de beurre * 50 g de farine * 50 cl de lait * 200 g de fromage râpé

Lavez les endives, coupez leur base puis effeuillez-les. Placez les feuilles d'endives dans le panier d'un cuit vapeur et faites-les cuire 15 minutes.
Pendant ce temps, faites revenir les oignons émincés et l'ail haché dans une sauteuse avec la margarine. Lorsque les oignons sont légèrement colorés, ajoutez la viande hachée et saisissez-la 2 minutes. Ajoutez la sauce tomate, le bouillon de légumes, le bouquet garni, salez légèrement et poivrez. Mélangez et laissez cuire sur feu doux 30 minutes.
Pour la sauce béchamel, faites fondre le beurre dans une casserole, ajoutez la farine, mélangez et laissez cuire 1 minute sans cesser de mélanger. Ajoutez le lait chaud et faites épaissir en mélangeant constamment. Ajoutez 80 g de fromage râpé.
Dans un plat à gratin, étalez une couche de béchamel puis couvrez-la de feuilles d'endives bien étalées. Répartissez la sauce bolognaise, puis couvrez-la de béchamel. Continuez d'alterner endive, sauce bolognaise et béchamel. Puis terminez par le fromage restant. Mettez le plat au four 20 minutes à 180 °C (th. 6) jusqu'à ce que la surface soit dorée et servez aussitôt.

Œufs cocotte sur lit d'endives

Préparation : 20 minutes • Cuisson : 30 minutes • Difficulté : ★ Budget : ★

Pour 4 personnes

2 échalotes * 20 g de margarine * 3 endives * 40 g de fromage râpé * 4 cuil. à soupe de crème fraîche épaisse * 4 œufs * 1 cuil. à soupe de ciboulette ciselée * Sel et poivre

Faites suer les échalotes émincées dans une poêle avec la margarine. Nettoyez les endives, émincez-les, retirez le cœur plus dur et ajoutez-les dans la poêle, salez, poivrez et laissez cuire 20 minutes en mélangeant régulièrement. Répartissez les endives dans les cocottes, ajoutez le fromage râpé puis nappez de crème. Cassez les œufs et déposez-les dans chaque cocotte. Saupoudrez avec le restant de ciboulette et poivrez.

Mettez à cuire 10 minutes au bain-marie dans un four préchauffé à 200 °C (th. 6-7). Servez aussitôt.

Rouleaux de printemps aux endives, pomme et noix

Préparation : 40 minutes • Difficulté : ★ Budget : ★

Pour 6 personnes

1 carotte * 1 pomme granny-smith * Le jus de ½ citron* 100 g de chou chinois * 3 endives * 12 galettes de riz * 12 cerneaux de noix * 1 cuil. à soupe d'huile de noix * 2 cuil. à soupe d'huile de tournesol * 1 cuil. à soupe de vinaigre de pomme * Sel et poivre

Épluchez la carotte et râpez-la à la grosse râpe. Taillez la pomme en bâtonnets sans l'éplucher et arrosez-les de jus de citron. Émincez le chou chinois. Nettoyez les endives, coupez-les en 4 dans le sens de la longueur. Retirez le cœur dur puis émincez-les toujours dans le sens de la longueur. Faites ramollir une galette de riz dans de l'eau à peine tiède, égouttez-la sur un torchon propre. Placez au centre de la galette de riz un peu d'endive, de carotte, de chou et de pomme. Répartissez un cerneau de noix grossièrement haché. Roulez la feuille de riz en rabattant les côtés. Renouvelez les opérations pour former 12 rouleaux de printemps. Réalisez la vinaigrette en mélangeant les huiles, le vinaigre de pomme, la ciboulette, salez et poivrez. Dégustez les rouleaux de printemps en les trempant dans de la vinaigrette.

Pizza aux endives

Préparation : 30 minutes • Repos : 1 heure • Cuisson : 35 minutes • Difficulté : ★ Budget : ★

Pour 4 personnes

Pour la pâte à pain : 300 g de farine * 1 cuil. à café de sel * 1 cuil. à café de levure de boulanger déshydratée * 1 cuil. à soupe d'huile d'olive
Pour la garniture : 1 kg d'endives * 1 oignon * 1 cuil. à soupe de margarine * 1 cuil. à café de sucre * 10 cl de coulis de tomates * 50 g de fromage râpé * 1 boule de mozzarella * 1 cuil. à café d'origan * Sel

Faites un puits avec la farine, mettez-y le sel, la levure puis 19 cl d'eau et l'huile. Pétrissez jusqu'à obtenir une boule de pâte homogène et souple. Laissez reposer 1 heure recouverte d'un torchon dans un endroit tempéré pour que la pâte double de volume. Coupez les endives en 2, enlevez le cœur et ciselez-les. Épluchez et émincez l'oignon, mettez-le à colorer dans une poêle avec la margarine 5 minutes. Ajoutez les endives, salez, saupoudrez de sucre puis laissez cuire 15 minutes en mélangeant régulièrement. Étalez la pâte très finement sur une plaque de cuisson légèrement farinée, étalez le coulis de tomates, répartissez les endives puis le fromage râpé et la mozzarella coupée en tranches. Saupoudrez d'origan. Mettez dans le four à 210 °C (th. 7) jusqu'à ce que la pâte soit cuite, environ 15 à 20 minutes. Servez aussitôt.

Purée d'endives

Préparation : 20 minutes • Cuisson : 30 minutes • Difficulté : ★ Budget : ★

Pour 4 personnes

2 échalotes * 20 g de margarine * 3 endives * 3 pommes de terre * 60 g d'emmental râpé * 20 cl de crème liquide * Sel et poivre

Faites suer les échalotes émincées dans une poêle avec la margarine. Nettoyez les endives, émincez-les, retirez le cœur plus dur et ajoutez-les dans la poêle, salez, poivrez et laissez cuire 20 minutes en mélangeant régulièrement. Faites cuire les pommes de terre dans de l'eau salée jusqu'à ce que le couteau les transperce facilement.

Passez les pommes de terre bien cuites dans un presse-purée. À l'aide d'un mixeur, réduisez les endives en purée. Mélangez la purée de pommes de terre et les endives. Ajoutez le fromage, la crème et rectifiez l'assaisonnement si besoin.

Servez bien chaud avec une noisette de beurre.

Petites charlottes d'endives

Préparation : 45 minutes • Cuisson : 40 minutes • Difficulté : ★★ Budget : ★

Pour 4 personnes

4 endives * 30 g de margarine * Sucre* 1 oignon * 2 cuil. à soupe d'huile d'olive * 300 g de viande hachée * 10 cl de coulis de tomates * 2 branches de thym * 2 feuilles de laurier * Sel et poivre

Effeuillez les endives. Mettez la margarine à fondre dans une cocotte puis placez les endives à cuire doucement pour ne pas les colorer. Mélangez délicatement quand les endives commencent à ramollir, ajoutez 1 pincée de sucre, salez et poivrez. Versez un fond d'eau et laissez cuire sur feu doux 20 minutes.

Dans une sauteuse, mettez l'oignon émincé à suer avec l'huile d'olive. Ajoutez la viande et saisissez-la. Ajoutez le coulis de tomates, le thym et le laurier, salez, poivrez puis couvrez et laissez mijoter 5 minutes.

Graissez 4 ramequins, tapissez les parois de grandes feuilles d'endives en les superposant légèrement et en les laissant dépasser. Remplissez de viande en plaçant au milieu des feuilles d'endives. Refermez les charlottes en rabattant les feuilles placées sur les parois et si besoin couvrez des feuilles restantes.

Mettez au four 15 minutes à 200 °C (th. 6-7). Puis retournez les ramequins sur les assiettes, tapotez jusqu'à ce que la charlotte se démoule seule. Servez accompagné de semoule.

Roulés d'endive au jambon (chicons au gratin)

Préparation : 30 minutes • Cuisson : 50 minutes • Difficulté : ★ Budget : ★

Pour 6 personnes
12 endives * 60 g de beurre * 60 g de farine * 1 l de lait * 150 g de fromage râpé * Noix de muscade en poudre*
12 tranches de jambon blanc * Sel et poivre

Après les avoir nettoyées, faites cuire les endives à la vapeur dans une cocotte-minute pendant 15 minutes. Égouttez-les soigneusement.
Préchauffez le four à 200 °C (th. 6-7).
Préparez la béchamel : faites fondre le beurre, versez la farine et mélangez au fouet. Lorsque la pâte est lisse, versez peu à peu le lait chaud en filet hors du feu, puis mélangez jusqu'à épuisement du lait ; remettez sur feu doux en remuant pour faire épaissir.
Ajoutez la moitié du fromage et une pincée de noix de muscade. Salez et poivrez.
Enveloppez chaque endive dans une tranche de jambon et déposez-les dans un plat de cuisson largement beurré.
Nappez de béchamel, saupoudrez du reste de fromage râpé et mettez au four 30 minutes pour faire gratiner le fromage.

Roulés d'endives au saumon fumé

Préparation : 30 minutes • Cuisson : 40 minutes • Difficulté : ★ Budget : ★★

Pour 4 personnes
8 endives * 30 g de beurre * 8 tranches de saumon fumé * 20 cl de crème liquide entière * 80 g de fromage râpé * Sel et poivre

Nettoyez les endives, coupez la base et retirez les feuilles abîmées. Mettez-les à dorer légèrement dans une sauteuse avec le beurre puis baissez le feu, ajoutez 1/2 verre d'eau, salez, poivrez et laissez cuire 20 minutes jusqu'à ce que vous puissiez entrer facilement la pointe d'un couteau au cœur des endives.
Enveloppez chaque endive dans une tranche de saumon et déposez-les dans un plat à gratin, nappez de crème, saupoudrez de fromage râpé.
Mettez au four 20 minutes à 180 °C (th. 6).

Saint-Jacques aux endives et caramel d'orange

Préparation : 30 minutes • Cuisson : 20 minutes • Difficulté : ★ Budget : ★★★

Pour 4 personnes
5 endives * 1 cuil. à soupe d'huile * 30 g de beurre * 2 échalotes * 35 g de sucre * 2 oranges non traitées * 12 noix de Saint-Jacques * Sel et poivre

Nettoyez et coupez les endives en rondelles, retirez la partie centrale plus dure.
Dans une sauteuse, mettez l'huile et la moitié du beurre à chauffer puis faites revenir les échalotes émincées. Ajoutez les endives et faites-les dorer légèrement. Ajoutez 1 cuil. à soupe de sucre et le jus d'une orange. Salez, poivrez et laissez mijoter à feu doux 20 minutes.
Dans une poêle, mettez à fondre le beurre restant. Lorsqu'il est bien chaud, mettez à cuire les Saint-Jacques 1 minute sur chaque face. Réservez-les au chaud.
Dans la poêle, versez le jus de la seconde orange avec 30 g de sucre, les zestes d'orange et faites réduire sur feu vif jusqu'à l'obtention d'une sauce onctueuse.
Répartissez les endives dans 4 ramequins, disposez les noix de Saint-Jacques puis nappez de sauce à l'orange et décorez de quelques zestes. Servez aussitôt.

Salade de chicons et vinaigrette à la bière

Préparation : 20 minutes • Difficulté : ★ Budget : ★

Pour 4 personnes

500 g de chicons * 2 pommes golden * 1 cuil. à café de moutarde * 2 cuil. à soupe de gueuze * 4 cuil. à soupe d'huile * Sel et poivre

Coupez l'extrémité dure des chicons.

Lavez les chicons et coupez-les en deux dans le sens de la longueur, puis en lamelles.

Épluchez les pommes, ôtez le centre et coupez-les en fines tranches.

Dans un saladier, déposez les chicons et les pommes.

Préparez la vinaigrette : dans un bol, mélangez la moutarde et la bière. Versez l'huile sans cesser de mélanger. Salez et poivrez à votre goût.

Versez la vinaigrette sur la salade de chicons et pommes. Mélangez bien et servez aussitôt.

Salade d'endives et gésiers de volaille

Préparation : 30 minutes • Cuisson : 20 minutes • Difficulté : ★ Budget : ★★

Pour 4 personnes

300 g de gésiers de volaille * 50 g de fruits secs entiers * 3 cuil. à soupe d'huile d'olive * 1 cuil. à soupe de vinaigre balsamique * 4 œufs * 6 endives * 1 pomme * 12 tomates cerise * 1 cuil. à soupe de ciboulette ciselée * Sel et poivre

Mettez les gésiers de volaille confits à réchauffer dans une grande poêle, retirez l'excès de graisse au fur et à mesure.

Mettez les amandes, noisettes, noix de macadamia à torréfier dans un four à 200 °C (th. 6-7) pendant 5 minutes. Faites une vinaigrette en fouettant l'huile et le vinaigre, salez et poivrez, réservez.

Mettez les œufs à cuire dans une eau bouillante pendant 6 minutes.

Lavez et séchez les endives, émincez-les puis répartissez-les dans 4 assiettes. Ajoutez les fruits secs, les dés de pomme, les gésiers chauds et les tomates cerise. Arrosez d'un filet de vinaigrette, répartissez la ciboulette et déposez un œuf mollet au centre puis servez aussitôt.

Salade rose de carmine

Préparation : 20 minutes • Difficulté : ★ Budget : ★

Pour 4 personnes

6 endives carmine * 100 g de betteraves cuites * 50 g de fromage frais * 8 radis * 3 cuil. à soupe d'huile d'olive * 1 cuil. à soupe de vinaigre de framboise * 80 g de magrets de canard fumé * 1 cuil. à soupe de ciboulette ciselée * Sel et poivre

Lavez les endives, coupez leur base puis retirez les premières feuilles et placez-les dans 4 bols. Ensuite, émincez le reste des endives.

Travaillez les betteraves coupées en dés avec le fromage frais. Coupez les radis en rondelles.

Dans les bols, répartissez les endives émincées, arrosez-les de vinaigrette réalisée avec l'huile et le vinaigre de framboise. Ajoutez les betteraves, les filets de magret de canard et les rondelles de radis.

Saupoudrez de ciboulette et servez bien frais.

Soufflés d'endives

Préparation : 20 minutes • Cuisson : 40 minutes • Difficulté : ★ Budget : ★

Pour 4 personnes

1 échalote * 20 g de margarine * 3 endives * 1 pomme de terre * 60 g d'emmental râpé * 2 cuil. à soupe de crème fraîche épaisse * 4 œufs * Sel et poivre

Faites suer l'échalote émincée dans une poêle avec la margarine. Nettoyez les endives, émincez-les, retirez le cœur plus dur et ajoutez-les dans la poêle, salez, poivrez et laissez cuire 20 minutes en mélangeant régulièrement.

Faites cuire la pomme de terre dans de l'eau salée jusqu'à ce que le couteau la transperce facilement. Passez la pomme de terre et les endives au presse-purée. Ajoutez le fromage, la crème et les 3 jaunes d'œufs séparés des blancs. Salez et poivrez.

Montez les 4 blancs d'œufs en neige et incorporez-les délicatement.

Beurrez 6 ramequins de haut en bas, farinez-les et versez la préparation jusqu'à 1 cm du bord. Mettez au four 20 minutes à 180 °C (th. 6) sans jamais ouvrir la porte. Servez dès la sortie du four.

Tartelette croustillante végétarienne

Préparation : 20 minutes • Cuisson : 25 minutes • Difficulté : ★ Budget : ★

Pour 4 personnes

40 g de beurre * 8 feuilles de brick * 1 pot d'endive (chutney)* 6 endives * 50 g de salade de jeunes pousses * 12 tomates cerise * 4 cuil. à soupe d'huile de noisette * 1 cuil. à soupe de vinaigre balsamique * 80 g de feta marinée dans l'huile d'olive * 8 brins de ciboulette * 60 g de noisettes * Sel et poivre

Mettez le beurre à fondre. Coupez dans chaque feuille de brick 2 disques. Réalisez 6 entailles de 3 cm de long sur la périphérie des disques. Badigeonnez chaque disque de beurre, puis placez-les dans des empreintes en silicone ou dans des moules à tartelette de 10 cm de diamètre. Empilez 4 disques par tartelette. Mettez au four 15 minutes à 180 °C (th. 6), les tartelettes doivent être bien dorées. Démoulez délicatement et laissez refroidir sur une grille. Étalez du chutney d'endives dans le fond des tartelettes. Remplissez les tartelettes de feuilles d'endive, de jeunes pousses et de tomates cerise coupées en 2. Réalisez une vinaigrette en fouettant l'huile de noisettes et le vinaigre balsamique. Salez, poivrez et versez en filet sur la salade. Ajoutez la feta, la ciboulette ciselée et les noisettes torréfiées 10 minutes dans un four à 180 °C (th. 6). Servez aussitôt.

Tartelettes aux endives et au boudin noir

Préparation : 30 minutes • Cuisson : 1 h 05 • Difficulté : ★ Budget : ★

Pour 6 personnes

4 endives * 1 oignon * 2 cuil. à soupe d'huile d'olive * 1 cuil. à soupe de sucre * 1 pâte feuilletée * 1 boudin noir * Sel et poivre

Nettoyez et coupez les endives en rondelles et retirez la partie centrale plus dure.

Faites revenir l'oignon émincé dans l'huile. Ajoutez les endives et faites-les suer 10 minutes. Saupoudrez de sucre, salez, poivrez et laissez cuire 30 minutes en mélangeant régulièrement.

Coupez 6 disques de pâte feuilletée et placez-les dans des moules à tartelette. Piquez le fond avec une fourchette puis répartissez les endives. Mettez au four 15 minutes à 180 °C (th. 6).

Coupez le boudin en tranches et placez-en 2 ou 3 par tartelette et poursuivez la cuisson 15 minutes.

Servez accompagné d'une salade.

Tartine d'endive et saint-marcellin

Préparation : 15 minutes • Cuisson : 5 minutes • Difficulté : ★ Budget : ★

Pour 2 personnes
1 gousse d'ail * 4 tranches de pain de campagne * 2 cuil. à soupe d'huile d'olive * 1 tomate * 1 endive * 2 saint-marcellin * 2 cuil. à café d'herbes de Provence * Sel et poivre

Épluchez et coupez la gousse d'ail en 2. Frottez chaque tranche de pain avec l'ail. À l'aide d'un pinceau, badigeonnez le pain d'huile d'olive et placez-le sur une plaque de cuisson.
Lavez la tomate et l'endive. Déposez des tranches de tomate sur le pain, puis 2 ou 3 feuilles d'endive.
Coupez les fromages en 2 et déposez-les sur les tartines. Saupoudrez d'herbes de Provence et mettez au four 5 minutes à 210 °C (th. 7). Servez aussitôt.

Tatin d'endives au mont des cats

Préparation : 20 minutes • Cuisson : 40 minutes • Difficulté : ★★ Budget : ★

Pour 6 personnes

1 kg d'endives * 1 cuil. à soupe de margarine * 2 cuil. à soupe de vergeoise * 200 g de mont des cats * 1 pâte feuilletée * Sel et poivre

Nettoyez les endives, ôtez la base et détachez les plus grosses feuilles, puis coupez le cœur en deux dans le sens de la longueur. Faites chauffer la margarine et placez les endives sur une face afin de les faire dorer.

Salez, poivrez et laissez-les refroidir.

Préchauffez le four à 180 °C (th. 6).

Placez les endives dans un moule à manqué de 24 cm de diamètre ou dans 6 moules individuels après avoir saupoudré le fond de vergeoise. Coupez le fromage en tranches et déposez-les sur les endives.

Recouvrez le tout de pâte feuilletée et mettez au four pour 30 minutes.

Sortez la tarte Tatin du four, attendez 5 minutes, passez un couteau entre la pâte et le bord du moule et démoulez-la sur un plat de service.

Velouté d'endive

Préparation : 5 minutes • Cuisson : 1 heure • Difficulté : ★ Budget : ★

Pour 1 personne
1 endive * 1 pomme de terre * 1 petit-suisse

Épluchez l'endive en ôtant le cœur (trop amer). Lavez les morceaux et coupez-les en tronçons. Épluchez et lavez la pomme de terre, coupez-la en dés.

Faites cuire les légumes pendant 1 heure, à feu doux, dans une casserole d'eau.

Égouttez, mixez avec le petit-suisse et délayez avec le jus de cuisson si besoin est.

Wok d'endives

Préparation : 20 minutes • Cuisson : 15 minutes • Difficulté : ★ Budget : ★

Pour 4 personnes
4 escalopes de dinde * 1 oignon * 2 carottes * 4 endives * 2 cuil. à soupe d'huile d'olive * 1 cuil. à soupe de miel * 2 cuil. à soupe de sauce soja * 2 cuil. à soupe de vinaigre de riz * 1 bouquet de persil plat * 1 cuil. à soupe de graines de sésame * Sel et poivre

Coupez les escalopes en lanières.
Émincez l'oignon. Taillez les carottes en julienne et émincez les endives dans le sens de la longueur.
Mettez un wok à chauffer. Versez 1 cuil. à soupe d'huile et lorsqu'elle est très chaude, mettez la viande à saisir 1 minute.
Réservez la viande dans une assiette.
Versez la 2e cuil. à soupe d'huile et mettez l'oignon à revenir. Ajoutez les carottes et les endives. Salez, poivrez et laissez cuire sur feu vif 5 minutes en mélangeant régulièrement pour ne pas faire colorer les légumes.
Ajoutez le miel, la sauce soja, le vinaigre de riz et la viande. Mélangez et poursuivez la cuisson 5 minutes.
Parsemez de persil plat haché, de graines de sésame et servez aussitôt.

Beignets de moules

Préparation : 30 minutes • Cuisson : 10 minutes • Difficulté : ★ Budget : ★

Pour 6 personnes
10 cl de lait * 1 jaune d'œuf * 160 g de farine * 1 pincée de levure chimique * 1 cuil. à soupe de persil * 2 blancs d'œufs * 200 g de moules (décoquillées)* Huile pour friture* Sel et poivre

Mélangez le lait et le jaune d'œuf, ajoutez la farine en pluie mélangée à la levure. Ajoutez le persil, salez et poivrez.
Montez les blancs d'œufs en neige et incorporez-les à la pâte.
Mettez l'huile de friture à chauffer. Plongez les moules dans la pâte à beignet et plongez-les dans l'huile chaude, une à une. Cuisez-les par petite quantité pour que les beignets ne se touchent pas.
Quand les beignets sont bien dorés, égouttez-les sur du papier absorbant.
Servez les beignets chauds accompagnés d'une sauce aux herbes.

Bouillon aux moules et vermicelles de riz

Préparation : 30 minutes • Cuisson : 15 minutes • Difficulté : ★ Budget : ★

Pour 6 personnes
2 cubes de bouillon de légumes * 3 cuil. à soupe de sauce soja * ½ cuil. à café de gingembre en poudre * 1 branche de céleri * 2 l de moules * 500 g de vermicelle de riz * 2 oignons cébettes * 2 branches de coriandre (fraîche)* Sel et poivre

Portez à ébullition 1,5 l d'eau avec les cubes de bouillon. Ajoutez la sauce soja, le gingembre et le céleri coupé en morceaux. Laissez bouillir 10 minutes.

Nettoyez les moules et ajoutez-les au bouillon. Lorsqu'elles sont ouvertes, décoquillez-les.

Mettez le vermicelle de riz dans un saladier d'eau bouillante pendant 5 minutes puis égouttez-les.

Placez le vermicelle dans 6 bols, versez une louche de bouillon aux moules puis ajoutez les oignons et la coriandre ciselés et servez aussitôt.

Brochettes de moules panées

Préparation : 30 minutes • Cuisson : 15 minutes • Difficulté : ★ Budget : ★

Pour 4 personnes

2 l de moules * 30 g de margarine * 3 échalotes * 20 cl de vin blanc sec
Pour la panure : 2 œufs * 120 g de farine * 180 g de chapelure * Huile pour friture * Sel et poivre

Nettoyez les moules. Dans une grande cocotte, faites fondre la margarine et mettez les échalotes émincées à suer et fondre sur feu doux 3 minutes.

Ajoutez les moules et arrosez de vin blanc. Salez légèrement, couvrez et faites cuire à feu vif, en mélangeant de temps en temps. Arrêtez la cuisson au bout de 10 minutes lorsque toutes les moules sont ouvertes. Laissez refroidir puis décoquillez-les.

Battez les œufs en omelette dans un bol, salez légèrement. Versez la farine et la chapelure dans 2 autres bols. Enrobez les moules de farine puis d'œuf et enfin de chapelure et plongez-les dans un bain de friture jusqu'à ce que la panure prenne une couleur dorée. Égouttez-les sur du papier absorbant. Montez les moules en brochettes.

Servez accompagné d'un filet de citron et de sauce indienne à base de curry.

Clafoutis de moules

Préparation : 20 minutes • Cuisson : 30 minutes • Difficulté : ★ Budget : ★

Pour 4 personnes

20 g de beurre * 2 échalotes * 1 blanc de poireau * 1 carotte * 250 g de moules (cuites, décoquillées)* 12,5 cl de vin blanc sec * 15 cl de crème liquide * 5 cl de lait * 2 œufs * 20 g de farine * 1 cuil. à soupe de persil * Sel et poivre

Préchauffez le four à 180 °C (th. 6).

Faites fondre le beurre dans une poêle et mettez les échalotes et le poireau finement émincés à suer sans colorer.

Ajoutez la carotte coupée en petits dés, les moules et arrosez de vin blanc. Salez, poivrez et laissez cuire sur feu doux jusqu'à évaporation du liquide.

Fouettez la crème liquide, le lait et les œufs. Ajoutez la farine, le persil haché, salez et poivrez.

Répartissez les moules et les légumes dans les moules beurrés, versez la préparation et enfournez pour 15 minutes.

Galettes de sarrasin aux moules

Préparation : 30 minutes • Repos : 1 heure • Cuisson : 10 minutes • Difficulté : ★ Budget : ★

Pour 6 personnes

Pour les galettes : 250 g de farine de sarrasin * 1 œuf * 40 g de beurre * 50 cl d'eau * Sel
Pour la garniture : 30 g de beurre * 30 g de farine * 30 cl de lait * 20 cl de crème fraîche épaisse * 150 g d'emmental râpé * 250 g de moules (décortiquées) * 100 g de champignons de Paris * Sel et poivre

Mélangez la farine de sarrasin, 1 pincée de sel, l'œuf, le beurre fondu puis ajoutez l'eau petit à petit. Laissez reposer 1 heure.

Réalisez 6 grandes galettes ou 12 moyennes à l'aide d'une poêle légèrement graissée.

Dans une casserole, faites fondre le beurre, ajoutez la farine hors du feu puis incorporez le lait chaud, faites épaissir sur feu doux sans cesser de mélanger. Salez, poivrez, ajoutez la crème fraîche, le fromage, les moules et les champignons.

Garnissez les galettes de sarrasin et passez-les au four 5 minutes à 180 °C (th. 6) juste avant de servir.

Flan d'épinards et moules

Préparation : 20 minutes • Cuisson : 35 minutes • Difficulté : ★ Budget : ★

Pour 6 personnes

2 échalotes * 30 g de beurre * 800 g d'épinards frais * 3 œufs * 30 cl de crème liquide entière * 60 g de fromage râpé * 200 g de moules (décortiquées)* Sel et poivre

Sans une sauteuse, faites revenir les échalotes émincées dans le beurre sans colorer. Ajoutez les épinards lavés et égouttés, laissez cuire 15 minutes en mélangeant régulièrement.

Placez les épinards dans le bol d'un robot mixeur, ajoutez les œufs et la crème, salez, poivrez et mixez l'ensemble. Ajoutez le fromage et mélangez.

Versez la préparation aux épinards dans des empreintes en silicone type muffins (placez dans un plat à gratin) en y ajoutant les moules. Versez de l'eau dans le plat à gratin à mi-hauteur.

Placez au four 20 minutes à 180 °C (th. 6) au bain-marie. Laissez refroidir puis démoulez délicatement.

Servez bien frais accompagné d'une salade de tomates cerise.

Feuilleté aux moules

Préparation : 30 minutes • Cuisson : 50 minutes • Difficulté : ★★ Budget : ★

Pour 4 personnes
1,5 l de moules * 15 g de margarine * 2 échalotes * 20 cl de vin blanc
Pour le feuilleté : 50 g de beurre * 2 cuil. à soupe de farine * 200 g de champignons de Paris * 2 pâtes feuilletées * 1 jaune d'œuf * Sel et poivre

Grattez les moules et lavez-les. Réservez-les dans une grande bassine d'eau fraîche.

Dans une grande cocotte, faites chauffer la margarine et mettez l'échalote émincée à fondre sur feu doux 5 minutes. Ajoutez les moules, le vin blanc, mélangez et faites cuire à feu vif, en mélangeant de temps en temps. Arrêtez la cuisson au bout de 10 minutes lorsque toutes les moules sont ouvertes. Décoquillez-les et filtrez le jus de cuisson puis complétez-le avec de l'eau afin d'obtenir 40 cl de liquide.

Faites fondre le beurre dans une casserole, versez la farine, mélangez bien puis ajoutez le jus de moules petit à petit tout en mélangeant. Faites cuire jusqu'à épaississement, salez, poivrez. Ajoutez les moules et les champignons émincés.

Découpez 8 carrés de pâte feuilletée de même taille. Pour 4 d'entre eux, découpez un carré plus petit au centre. Diluez le jaune d'œuf avec un peu d'eau, badigeonnez le bord des 4 carrés et superposez les carrés ouverts au centre. Badigeonnez le « cadre » de jaune d'œuf ainsi que les petits carrés restant (provenant du centre). Placez le tout au four 25 minutes à 180 °(th. 6). Si après la cuisson, les feuilletés sont pleins, creusez-les en appuyant délicatement au centre puis remplissez-les de préparation et placez-les 10 minutes au four à 200 °C (th. 6-7). Servez aussitôt.

Gratin de moules au cidre

Préparation : 30 minutes • Cuisson : 35 minutes • Difficulté : ★ Budget : ★

Pour 6 personnes
3 l de moules * 30 g de beurre * 2 échalotes * 25 cl de cidre doux
Pour la sauce : 40 g de beurre * 40 g de farine * 20 cl de crème liquide * 200 g d'emmental râpé * Sel et poivre

Grattez les moules et lavez-les. Dans une grande cocotte, faites fondre le beurre. Mettez-y les échalotes finement hachées à suer et fondre sur feu doux. Ajoutez les moules et arrosez de cidre. Laissez cuire jusqu'à ce que les moules s'ouvrent.

Décoquillez les moules, filtrez le jus de cuisson et ajoutez de l'eau pour arriver à 30 cl de liquide.

Dans une casserole, mettez le beurre à fondre. Ajoutez la farine puis le jus de moule en mélangeant au fouet. Ajoutez la crème puis salez et poivrez.

Répartissez les moules dans 6 plats individuels, nappez de sauce puis saupoudrez de fromage râpé. Mettez au four à 200 °C (th. 6-7) pendant 15 minutes pour les faire gratiner.

Moules à l'orientale

Préparation : 30 minutes • Cuisson : 15 minutes • Difficulté : ★ Budget : ★

Pour 6 personnes

6 l de moules * 2 cuil. à soupe d'huile d'olive * 2 oignons * 3 gousses d'ail * 2 cuil. à café de cumin en poudre * 1 cuil. à café de curcuma * 1 cuil. à soupe de coriandre moulue * 30 cl de bouillon de légumes * Le jus de ½ citron

Grattez les moules et lavez-les. Réservez-les dans une grande bassine d'eau fraîche.

Dans une grande cocotte, faites chauffer l'huile d'olive et mettez les oignons émincés et l'ail haché à fondre sur feu doux 5 minutes.

Ajoutez le cumin, le curcuma, la coriandre, mélangez bien puis ajoutez les moules et mélangez de nouveau. Arrosez de bouillon de légumes, du jus de citron, ouvrez et faites cuire à feu vif, en mélangeant de temps en temps. Arrêtez la cuisson au bout de 10 minutes lorsque toutes les moules sont ouvertes. Servez bien chaud.

Moules à la crème

Préparation : 30 minutes • Cuisson : 22 minutes • Difficulté : ★ Budget : ★

Pour 6 personnes
6 l de moules * 40 g de margarine * 3 échalotes * 1 blanc de poireau * 30 cl de vin blanc sec * 40 cl de crème fraîche liquide allégée * 1 cuil. à soupe de ciboulette ciselée * Sel et poivre

Grattez les moules et lavez-les. Réservez-les dans une grande bassine d'eau fraîche.

Dans une grande cocotte, faites fondre la margarine et mettez les échalotes et le blanc de poireau finement hachés à suer et fondre sur feu doux 10 minutes.

Ajoutez les moules et arrosez de vin blanc. Salez légèrement et poivrez. Couvrez et faites cuire à feu vif, en mélangeant de temps en temps. Arrêtez la cuisson au bout de 10 minutes lorsque toutes les moules sont ouvertes.

Ajoutez la crème, la ciboulette, mélangez et poursuivez la cuisson 2 minutes.

Servez bien chaud, accompagné de frites.

Moules à la moutarde

Préparation : 30 minutes • Cuisson : 15 minutes • Difficulté : ★ Budget : ★

Pour 6 personnes
6 l de moules * 40 g de margarine * 3 échalotes * 30 cl de vin blanc sec * 20 cl de crème fraîche épaisse * 2 cuil. à soupe de moutarde * Sel et poivre

Grattez les moules et lavez-les. Réservez-les dans une grande bassine d'eau fraîche.

Dans une grande cocotte, faites fondre la margarine et mettez les échalotes hachées à suer et fondre sur feu doux 2 minutes.

Ajoutez les moules et arrosez de vin blanc. Salez légèrement et poivrez. Couvrez et faites cuire 10 minutes jusqu'à ce que toutes les moules soient ouvertes.

Retirez les moules, filtrez le jus de cuisson puis ajoutez la crème et la moutarde, mélangez et portez à ébullition. Replacez les moules dans la cocotte et mélangez délicatement. Servez bien chaud.

Moules à la provençale

Préparation : 30 minutes • Cuisson : 20 minutes • Difficulté : ★ Budget : ★

Pour 6 personnes
6 l de moules * 1 oignon * 3 gousses d'ail * 2 cuil. à soupe d'huile d'olive * 400 g de pulpe de tomates * 4 branches de thym * 2 branches de romarin * 30 cl de vin blanc sec * Sel et poivre

Grattez les moules et lavez-les. Réservez-les dans une grande bassine d'eau fraîche.

Dans une grande cocotte, mettez l'oignon et l'ail hachés à suer 10 minutes avec l'huile d'olive. Ajoutez la pulpe de tomates et les herbes. Salez et poivrez.

Ajoutez les moules et arrosez de vin blanc. Mélangez bien puis couvrez et laissez cuire 10 minutes jusqu'à ce que toutes les moules soient ouvertes.

Servez bien chaud accompagné de frites ou de riz.

Moules ail et fines herbes

Préparation : 30 minutes • Cuisson : 20 minutes • Difficulté : ★ Budget : ★

Pour 6 personnes

6 l de moules * 2 cuil. à soupe d'huile d'olive * 2 oignons * 25 cl de vin blanc * 200 g de fromage frais à l'ail et aux fines herbes * 15 cl de crème liquide * Sel et poivre

Grattez les moules et lavez-les. Réservez-les dans une grande bassine d'eau fraîche.

Dans une grande cocotte, faites chauffer l'huile d'olive et mettez les oignons émincés à fondre sur feu doux 5 minutes. Ajoutez les moules, le vin blanc, mélangez et faites cuire à feu vif, en mélangeant de temps en temps. Arrêtez la cuisson au bout de 10 minutes lorsque toutes les moules sont ouvertes.

Ajoutez le fromage émietté et la crème, mélangez et poursuivez la cuisson 5 minutes.

Servez bien chaud accompagné de frites.

Moules au chorizo

Préparation : 30 minutes • Cuisson : 25 minutes • Difficulté : ★ Budget : ★

Pour 6 personnes

6 l de moules * 30 g de margarine * 1 oignon * 1 poivron rouge * 150 g de chorizo * 200 g de pulpe de tomates * 1 cuil. à soupe de persil haché * 25 cl de vin blanc sec * Sel et poivre

Grattez les moules et lavez-les. Réservez-les dans une grande bassine d'eau fraîche.

Dans une grande cocotte, faites fondre la margarine, mettez l'oignon émincé ainsi que le poivron coupé en dés à fondre sur feu doux 10 minutes. Ajoutez le chorizo coupé en rondelles et poursuivez la cuisson 5 minutes.

Ajoutez les moules, la pulpe de tomates, le persil et arrosez de vin blanc. Salez légèrement et poivrez. Couvrez et faites cuire à feu vif, en mélangeant de temps en temps. Arrêtez la cuisson au bout de 10 minutes lorsque toutes les moules sont ouvertes.

Servez bien chaud accompagné de frites.

Moules au curry

Préparation : 30 minutes • Cuisson : 15 minutes • Difficulté : ★ Budget : ★

Pour 6 personnes

4 l de moules * 40 g de beurre * 1 oignon * 1 carotte * 20 cl de vin blanc * 30 cl de lait de coco * 1 cuil. à soupe de curry * 1 citron vert * 6 branches de persil * Sel et poivre

Grattez les moules et lavez-les. Réservez-les dans une grande bassine d'eau fraîche.
Dans une grande cocotte, faites fondre le beurre et mettez l'oignon émincé à suer et fondre sur feu doux 3 minutes. Ajoutez les moules, la carotte coupée en brunoise et arrosez de vin blanc. Salez légèrement et poivrez. Couvrez et faites cuire à feu vif, en mélangeant de temps en temps. Arrêtez la cuisson au bout de 10 à 15 minutes lorsque toutes les moules sont ouvertes.
Dans une casserole, portez le lait de coco, le curry et le jus de citron à ébullition. Versez le tout sur les moules et ajoutez le persil haché.
Servez accompagné de riz.

Moules au pesto

Préparation : 30 minutes • Cuisson : 20 minutes • Difficulté : ★ Budget : ★

Pour 6 personnes

1 l de moule * 20 cl de vin blanc sec
Pour le pesto : 1 bouquet de basilic * 3 cuil. à soupe de pignons de pin grillés * 2 gousses d'ail * 50 g de parmesan râpé * 20 cl d'huile d'olive * Sel et poivre

Grattez les moules et lavez-les. Dans une grande cocotte, mettez les moules à ouvrir avec le vin.
Dans le bol d'un mixeur, mettez les feuilles de basilic, 2 cuil. à soupe de pignons de pin, les gousses d'ail et le parmesan puis mixez finement. Ajoutez l'huile et mixez de nouveau jusqu'à l'obtention d'un pesto homogène. Salez et poivrez.
Ouvrez les moules et retirez une valve. Placez-les sur un plat et déposez un peu de pesto sur chaque moule. Saupoudrez du restant de pignons de pin haché et passez 10 minutes dans un four à 180 °C (th. 6) et servez aussitôt.

Moules au roquefort

Préparation : 30 minutes • Cuisson : 15 minutes • Difficulté : ★ Budget : ★

Pour 6 personnes
6 l de moules * 40 g de margarine * 3 échalotes * 1 branche de thym * 30 cl de vin blanc sec * 150 g de roquefort * 30 cl de crème liquide entière * Sel et poivre

Grattez les moules et lavez-les. Réservez-les dans une grande bassine d'eau fraîche.

Dans une grande cocotte, faites fondre la margarine et mettez les échalotes finement hachées à suer et fondre sur feu doux 3 minutes.

Ajoutez les moules, le thym et arrosez de vin blanc. Salez légèrement et poivrez. Couvrez et faites cuire à feu vif, en mélangeant de temps en temps. Arrêtez la cuisson au bout de 10 à 15 minutes lorsque toutes les moules sont ouvertes.

Dans une casserole, mettez le roquefort et la crème à chauffer en mélangeant constamment jusqu'à l'obtention d'une crème homogène.

Répartissez les moules dans des assiettes creuses ou cocottes individuelles et nappez de crème au roquefort.

Moules aux lardons et à la crème

Préparation : 30 minutes • Cuisson : 30 minutes • Difficulté : ★ Budget : ★

Pour 6 personnes

6 l de moules * 100 g de lardons * 40 g de margarine * 2 oignons * 30 cl de vin blanc sec * 25 cl de crème liquide entière * Sel et poivre

Grattez les moules et lavez-les. Réservez-les dans une grande bassine d'eau fraîche.

Dans une grande cocotte, faites revenir les lardons dans la margarine puis ajoutez les oignons émincés.

Ajoutez les moules et arrosez de vin blanc. Salez légèrement et poivrez. Couvrez et faites cuire à feu vif pendant 10 minutes le temps que toutes les moules s'ouvrent.

Mettez la crème à chauffer dans une casserole. Répartissez les moules aux lardons dans des assiettes creuses puis arrosez-les de crème. Servez aussitôt.

Moules des bradeux

Préparation : 30 minutes • Cuisson : 35 minutes • Difficulté : ★ Budget : ★

Pour 6 personnes
6 l de moules * 40 g de margarine * 2 oignons * 3 gousses d'ail * 1 cuil. à soupe de persil haché * 25 cl de vin blanc * 200 g de maroilles * 20 cl de crème liquide entière * Sel et poivre

Grattez les moules et lavez-les. Dans une grande cocotte, faites fondre la margarine et les oignons émincés.
Ajoutez l'ail haché, le persil puis les moules. Arrosez de vin blanc, ajoutez 20 cl d'eau, salez légèrement et poivrez.
Couvrez et faites cuire à feu vif, en mélangeant de temps en temps.
Arrêtez la cuisson au bout de 10 à 15 minutes, lorsque toutes les moules sont ouvertes.
Retirez la croûte du maroilles et coupez-le en dés. Récupérez 1 louche de jus de cuisson des moules, ajoutez la crème et portez à ébullition. Ajoutez le fromage et mélangez jusqu'à ce qu'il soit totalement fondu.
Servez les moules arrosées de sauce au maroilles et accompagnez-les de frites.

Moules gratinées

Préparation : 30 minutes • Cuisson : 15 minutes • Difficulté : ★ Budget : ★

Pour 6 personnes
2 l de moules * 1 oignon * 40 g de margarine * 20 cl de vin blanc * 1 cuil. à soupe d'huile d'olive * 2 gousses d'ail * 200 g de tomates pelées (concassées)* 1 cuil. à café d'origan * 1 boule de mozzarella * Sel et poivre

Grattez les moules et lavez-les. Réservez-les dans une grande bassine d'eau fraîche.

Dans une grande cocotte, faites revenir l'oignon émincé dans la margarine. Ajoutez les moules et arrosez de vin blanc. Salez légèrement et poivrez. Couvrez et faites cuire à feu vif pendant 10 minutes le temps que toutes les moules s'ouvrent. Puis décoquillez-les et conservez une seule valve par coquille.

Mettez l'huile d'olive à chauffer dans une cocotte, ajoutez l'ail et laissez colorer à peine. Ajoutez la pulpe de tomates, l'origan, les moules, salez et poivrez. Mélangez délicatement puis replacez les moules dans leur coquille.

Déposez un morceau de mozzarella sur chaque moule puis mettez-les sous le grill 5 minutes, le temps de les gratiner. Servez aussitôt.

Moules marinières

Préparation : 30 minutes • Cuisson : 20 minutes • Difficulté : ★ Budget : ★

Pour 6 personnes
6 l de moules * 40 g de margarine * 5 échalotes * 1 cuil. à soupe de persil * 1 branche de céleri * 25 cl de vin blanc (sec) * Sel et poivre

Remarque : chaque premier week-end de septembre se déroule la « Grande Braderie de Lille ». La ville se transforme en un énorme marché aux puces où les cultures se croisent. C'est l'occasion de déguster des moules-frites, le plat traditionnel, et, pour les restaurateurs de la ville, de rivaliser en entassant devant leur restaurant d'énormes tas de coquilles de moules vides.
Grattez les moules et lavez-les.
Dans une grande cocotte, faites fondre la margarine et les échalotes finement hachées.
Ajoutez les moules, le persil et le céleri coupé en petits morceaux, puis le vin blanc. Salez légèrement et poivrez.
Couvrez et faites cuire à feu vif, en mélangeant de temps en temps.
Arrêtez la cuisson au bout de 10 à 15 minutes, lorsque toutes les moules sont ouvertes.
Servez accompagné de frites.

Moules marinées

Préparation : 30 minutes • Repos : 24 heures • Cuisson : 10 minutes • Difficulté : ★ Budget : ★★

Pour 6 personnes
2 l de moules * 15 cl de vin blanc sec * 3 gousses d'ail * 2 pétales de tomates séchées * 1 cuil. à café de romarin * 20 cl d'huile d'olive * 3 cuil. à soupe de vinaigre balsamique blanc * Sel et poivre

Grattez les moules et lavez-les. Réservez-les dans une grande bassine d'eau fraîche.

Placez les moules dans une grande cocotte, arrosez de vin blanc. Couvrez et faites cuire à feu vif, en mélangeant de temps en temps. Arrêtez la cuisson au bout de 10 minutes lorsque toutes les moules sont ouvertes. Décoquillez-les une fois refroidies.

Dans un plat, mélangez les moules, l'ail haché, les tomates séchées coupées en petits morceaux et le romarin. Salez et arrosez de vinaigre et d'huile d'olive. Mélangez bien puis placez le tout dans un bocal.

Placez au frais 24 heures avant de déguster.

Moules sauce au roquefort

Préparation : 30 minutes • Cuisson : 30 minutes • Difficulté : ★ Budget : ★

Pour 4 personnes

3 l de moules * 30 g de margarine * 2 échalotes * 1 cuil. à soupe de persil * 20 cl de vin blanc sec * 25 cl de crème liquide * 100 g de roquefort * Sel et poivre

Grattez les moules et lavez-les.

Dans une grande cocotte, faites fondre la margarine et mettez les échalotes finement hachées à fondre.

Ajoutez les moules, le persil puis versez le vin blanc. Salez légèrement et poivrez. Couvrez et faites cuire à feu vif, en mélangeant de temps en temps. Arrêtez la cuisson lorsque toutes les moules sont ouvertes au bout de 10 à 15 minutes.

Pendant la cuisson des moules, faites chauffer la crème avec le roquefort émietté. Portez à ébullition et mélangez pour bien faire fondre le fromage.

Remplissez les cocottes de moules avec leur coquille puis ajoutez des moules sans coquille. Arrosez de sauce au roquefort bien chaude et servez aussitôt accompagné de frites.

Moules sauce piquante

Préparation : 20 minutes • Cuisson : 25 minutes • Difficulté : ★ Budget : ★

Pour 6 personnes

2 l de moules * 40 g de margarine * 2 échalotes * 15 cl de vin blanc sec * 1 cuil. à soupe d'huile * 1 oignon * 150 g de tomates (chair de tomate en boîte)* 1 cuil. à soupe de vinaigre de vin * 1 cuil. à café de sucre * 2 pincées de piment d'Espelette en poudre * 5 cornichons (petits) * Sel et poivre

Grattez les moules et lavez-les. Réservez-les dans une grande bassine d'eau fraîche.

Dans une grande cocotte, faites fondre la margarine et mettez les échalotes finement hachées à suer et fondre sur feu doux pendant 10 minutes.

Ajoutez les moules et arrosez de vin blanc. Salez légèrement et poivrez. Couvrez et faites cuire à feu vif, en mélangeant de temps en temps. Arrêtez la cuisson au bout de 10 minutes lorsque toutes les moules sont ouvertes. Décoquillez-les une fois refroidies.

Dans une casserole, mettez l'oignon haché à suer dans l'huile sans colorer. Ajoutez la chair de tomate, 5 cl d'eau, le vinaigre, le sucre, le piment et les cornichons coupés en rondelles. Salez et laissez mijoter 5 minutes. Laissez refroidir. Mélangez les moules à la sauce pimentée et placez au frais.

Moules vinaigrette et herbes fraîches

Préparation : 30 minutes • Repos : 1 heure • Cuisson : 10 minutes • Difficulté : ★ Budget : ★★

Pour 6 personnes

4 l de moules * 1 oignon * 30 g de margarine * 20 cl de vin blanc * Pour la vinaigrette : 1 cuil. à soupe de ciboulette ciselée * 1 cuil. à soupe de persil haché * 1 cuil. à soupe de cerfeuil ciselé * 2 échalotes * 15 cl d'huile d'olive * 5 cl de vinaigre balsamique blanc * Sel et poivre

Grattez les moules et lavez-les. Réservez-les dans une grande bassine d'eau fraîche.

Dans une grande cocotte, faites revenir l'oignon émincé avec la margarine. Ajoutez les moules et arrosez de vin blanc. Salez légèrement et poivrez. Couvrez et faites cuire à feu vif pendant 10 minutes le temps que toutes les moules s'ouvrent. Laissez refroidir puis décoquillez-les.

Réalisez la vinaigrette, en mélangeant les herbes fraîches, les échalotes hachées finement, l'huile et le vinaigre. Salez et poivrez.

Mélangez les moules à la vinaigrette et placez au frais 1 heure.

Présentez les moules dans des cuillères à amuse-bouche ou dans des mini-ramequins.

Quiche aux moules

Préparation : 20 minutes • Cuisson : 45 minutes • Difficulté : ★ Budget : ★

Pour 6 personnes

Pour les moules : 1,5 l de moules * 15 g de margarine * 1 échalote * 20 cl de vin blanc * Pour la quiche : 1 pâte brisée * 3 œufs * 20 cl de crème liquide * 10 cl de lait * 70 g d'emmental râpé * 1 cuil. à soupe de persil haché * 80 g de lardons allumettes * Sel et poivre

Grattez les moules et lavez-les. Réservez-les dans une grande bassine d'eau fraîche.

Dans une grande cocotte, faites chauffer la margarine et mettez l'échalote émincée à fondre sur feu doux 5 minutes. Ajoutez les moules, le vin blanc, mélangez et faites cuire à feu vif, en mélangeant de temps en temps. Arrêtez la cuisson au bout de 10 minutes lorsque toutes les moules sont ouvertes. Décoquillez-les. Placez la pâte dans une tourtière beurrée et farinée. Piquez le fond avec une fourchette et replacez la tourtière au frais pendant la préparation de la garniture.

Fouettez les œufs avec la crème et le lait. Ajoutez le fromage râpé, le persil, salez légèrement et poivrez.

Répartissez les moules et les lardons allumettes sur le fond de pâte puis versez le mélange pour quiche. Mettez au four 30 minutes à 180 °C (th. 6). Attendez 10 minutes, démoulez et servez aussitôt accompagné de salade.

Risotto aux moules

Préparation : 20 minutes • Cuisson : 25 minutes • Difficulté : ★ Budget : ★

Pour 4 personnes

Pour les moules : 1,5 l de moules * 15 cl de vin blanc sec Pour le risotto : 2 échalotes * 30 g de beurre * 280 g de riz à risotto * 1 l de bouillon de légumes * 10 cl de crème fraîche épaisse * 60 g de parmesan * 1 cuil. à soupe de persil haché * Sel et poivre

Grattez les moules et lavez-les. Réservez-les dans une grande bassine d'eau fraîche.

Placez les moules dans une grande cocotte, arrosez de vin blanc. Couvrez et faites cuire à feu vif, en mélangeant de temps en temps. Arrêtez la cuisson au bout de 10 minutes lorsque toutes les moules sont ouvertes. Filtrez le jus de cuisson puis décoquillez les moules une fois refroidies.

Épluchez et hachez les échalotes, faites-les fondre dans le beurre sans trop colorer. Ajoutez le riz, faites revenir 1 minute en mélangeant constamment.

Versez une louche de bouillon de légumes mélangé au jus de cuisson des moules. Laissez cuire jusqu'à l'absorption complète du liquide. Puis continuez d'ajouter le bouillon louche par louche.

Ajoutez la crème, le parmesan et le persil, salez si besoin, poivrez. Incorporez les moules, mélangez délicatement pour réchauffer le tout pendant 1 minute puis servez aussitôt.

Salade de pommes de terre aux moules

Préparation : 25 minutes • Repos : 1 heure • Cuisson : 25 minutes • Difficulté : ★ Budget : ★

Pour 4 personnes
1 l de moule * 15 cl de vin blanc sec * 500 g de pommes de terre * 5 cuil. à soupe d'huile d'olive * 2 cuil. à soupe de vinaigre de cidre * ½ concombre * 1 oignon rouge * 1 cuil. à soupe de ciboulette ciselée * Sel et poivre

Grattez les moules et lavez-les. Réservez-les dans une grande bassine d'eau fraîche.

Placez les moules dans une grande cocotte, arrosez de vin blanc. Couvrez et faites cuire à feu vif, en mélangeant de temps en temps. Arrêtez la cuisson au bout de 10 minutes lorsque toutes les moules sont ouvertes. Décoquillez-les une fois refroidies.

Lavez les pommes de terre, sans les éplucher. Mettez-les à cuire dans une casserole d'eau salée, pendant 15 minutes. Contrôlez la cuisson en les piquant avec un couteau puis égouttez-les. Épluchez-les et coupez-les en rondelles.

Placez les pommes de terre encore chaudes dans un saladier et arrosez-les d'huile d'olive, de vinaigre de cidre, salez et poivrez et laissez-les refroidir.

Coupez le concombre en quatre dans le sens de la longueur, retirez les pépins puis coupez-le en petits dés sans l'éplucher. Épluchez l'oignon, émincez-le finement et ajoutez-le aux pommes de terre ainsi que le concombre, les moules et la ciboulette. Mélangez délicatement et laissez reposer au frais 1 heure avant de servir.

Spaghetti aux moules

Préparation : 40 minutes • Cuisson : 20 minutes • Difficulté : ★ Budget : ★

Pour 4 personnes

1 l de moule * 20 g de margarine * 2 échalotes * 20 cl de vin blanc sec 400 g de spaghetti * 2 tomates * 2 cuil. à soupe d'huile d'olive * 2 gousses d'ail * 4 branches de basilic * Sel et poivre

Grattez les moules et lavez-les. Réservez-les dans une grande bassine d'eau fraîche.

Dans une grande cocotte, mettez la margarine à fondre puis mettez les échalotes émincées à fondre. Ajoutez les moules, arrosez de vin blanc et salez légèrement. Mélangez bien puis couvrez et laissez cuire 10 minutes jusqu'à ce que toutes les moules soient ouvertes. Décortiquez-les.

Mettez les pâtes à cuire dans une grande cocotte d'eau salée. Égouttez-les soigneusement. Lavez les tomates et coupez leur chair en petits dés.

Dans une sauteuse, mettez l'huile d'olive à chauffer, ajoutez l'ail haché et laissez-le colorer légèrement. Ajoutez les spaghetti, les moules, le basilic haché et mélangez bien. Arrosez d'une petite louche de jus de cuisson des moules. Salez, si besoin, et poivrez.

Ajoutez les dés de tomates puis répartissez les pâtes dans 4 assiettes creuses, décorez de quelques moules dans leurs coquilles et servez aussitôt.

Taboulé de la mer

Préparation : 20 minutes • Repos : 1 heure • Cuisson : 15 minutes • Difficulté : ★ Budget : ★

Pour 6 personnes
Pour les moules : 2 l de moules * 1 cuil. à soupe d'huile d'olive * 1 échalote * 15 cl de vin blanc
Pour la semoule : 200 g de semoule (à couscous moyen)* 2 cuil. à soupe d'huile d'olive
Pour le taboulé : 15 tomates cerise * ½ concombre * 2 oignons cébettes * 100 g de crevettes roses * 1 cuil. à soupe de ciboulette * 1 cuil. à soupe de persil * 3 cuil. à soupe d'huile d'olive * 1 cuil. à soupe de vinaigre balsamique blanc * Sel et poivre

Grattez les moules et lavez-les. Réservez-les dans une grande bassine d'eau fraîche.

Dans une grande cocotte, faites chauffer l'huile d'olive et mettez l'échalote émincée à fondre sur feu doux 5 minutes. Ajoutez les moules, le vin blanc, mélangez et faites cuire à feu vif, en mélangeant de temps en temps. Arrêtez la cuisson au bout de 10 minutes lorsque toutes les moules sont ouvertes. Décoquillez-les et filtrez le jus.

Placez la semoule dans un saladier, ajoutez l'huile d'olive, salez et mélangez. Couvrez du jus des moules et d'eau bouillante juste à hauteur, mélangez 1 minute puis couvrez et laissez gonfler 10 minutes. Mélangez pour bien séparer tous les grains de couscous et laissez refroidir.

Lavez et coupez les tomates en 4, coupez le concombre en dés et émincez les cébettes. Ajoutez les légumes à la semoule, les moules, les crevettes et les herbes. Arrosez d'huile et de vinaigre, salez et poivrez.

Placez au frais minimum 1 heure.

Tourte aux poireaux et aux moules

Préparation : 30 minutes • Cuisson : 55 minutes • Difficulté : ★ Budget : ★

Pour 6 personnes

800 g de poireaux * 30 g de beurre * 1 cube de bouillon * 200 g de moules * 2 pâtes feuilletées * 1 jaune d'œuf

Pour la béchamel : 30 g de beurre * 30 g de farine * 50 cl de lait * 60 g de fromage râpé * Sel et poivre

Nettoyez et émincez les poireaux. Faites fondre le beurre dans une sauteuse et ajoutez les poireaux, faites-les suer. Ajoutez un fond d'eau, le cube de bouillon et laissez cuire à couvert 25 minutes puis laissez refroidir.

Pour la sauce béchamel, faites fondre le beurre, ajoutez la farine puis le lait petit à petit pour éviter les grumeaux. Salez et poivrez. Placez la casserole sur le feu et faites épaissir en mélangeant constamment jusqu'à l'obtention d'une sauce homogène, onctueuse mais peu épaisse. Ajoutez le fromage râpé et mélangez. Versez la sauce sur les poireaux, ajoutez les moules et mélangez délicatement.

Déposez une pâte feuilletée dans une tourtière de 22 cm de diamètre, en conservant la feuille de papier de cuisson. Piquez le fond avec une fourchette puis répartissez le mélange poireaux moules. Couvrez de la 2e pâte, pressez les 2 pâtes sur le bord du moule, découpez l'excès et soudez les 2 pâtes en appuyant légèrement. Dorez la surface avec le jaune d'œuf dilué avec 1 cuil. à café d'eau. Faites un petit trou au centre, réalisez un motif à l'aide d'un couteau mais sans utiliser le côté coupant. Mettez au four 30 minutes à 180 °C (th. 6).

Velouté de moules au safran

Préparation : 30 minutes • Cuisson : 15 minutes • Difficulté : ★ Budget : ★★

Pour 6 personnes
2 l de moules * 40 g de margarine * 2 échalotes * 1 blanc de poireau * 20 cl de vin blanc sec * 1 dose de safran en poudre * 50 cl de bouillon de légumes * 20 cl de crème fraîche épaisse * 2 branches de persil plat * Sel et poivre

Grattez les moules et lavez-les.

Dans une grande cocotte, faites fondre la margarine et mettez les échalotes et le poireau finement émincés à suer 5 minutes. Ajoutez le vin blanc et portez à ébullition.

Ajoutez les moules, le safran et le bouillon de légumes. Couvrez et faites cuire à feu vif 10 minutes lorsque toutes les moules sont ouvertes.

Retirez les moules, réservez quelques-uns et décortiquez les autres. Ajoutez la moitié des moules décortiquées au jus de cuisson et mixez. Incorporez la crème et réchauffez le tout.

Versez la soupe dans 6 bols ou assiettes creuses, ajoutez les moules réservées et décorez de quelques pistils et de feuilles de persil plat.

Blanquette de poulet à la bière

Préparation : 20 minutes • Cuisson : 1 h 45 •
Difficulté : ★ Budget : ★

Pour 6 personnes

6 escalopes de poulet * 30 g de margarine * 2 oignons * 3 échalotes * 3 cuil. à soupe de farine * 40 cl de bière brune * 150 g de champignons de Paris * 4 gousses d'ail * 15 cl de crème liquide entière * Sel et poivre

Coupez les escalopes de poulet en gros morceaux. Faites-les dorer dans une cocotte avec la margarine.

Retirez les morceaux de viande, puis placez les oignons et les échalotes émincés dans la cocotte pour les faire blondir.

Replacez les morceaux de poulet dans la cocotte, ajoutez la farine tamisée et mélangez bien. Versez la bière, ajoutez les champignons émincés et l'ail, salez et poivrez.

Laissez cuire environ 45 minutes à couvert, puis retirez le poulet et laissez réduire 30 minutes à découvert. Ajoutez la crème liquide dans la cocotte et laissez cuire encore 10 minutes.

Replacez le poulet dans la cocotte et, après quelques minutes, arrêtez le feu.

Cake à la bière, au jambon et à la moutarde

Préparation : 20 minutes • Cuisson : 45 minutes •
Difficulté : ★ Budget : ★

Pour 6-8 personnes

3 œufs * 150 g de farine * 1 sachet de levure chimique * 5 cl d'huile d'olive * 10 cl de lait * 5 cl de bière blonde * 100 g de cheddar râpé * 150 g de jambon fumé en dés * 1 cuil. à soupe de moutarde à l'ancienne * Sel

Préchauffez le four à 180 °C (th. 6).

Dans un saladier, fouettez les œufs avec la farine et la levure.

Versez l'huile d'olive, le lait et la bière. Mélangez. Ajoutez le cheddar, le jambon et la moutarde. Salez légèrement.

Versez la préparation dans un moule à cake.

Enfournez pour 45 minutes. Dégustez tiède ou froid.

Carottes glacées

Préparation : 20 minutes • Cuisson : 15 minutes •
Difficulté : ★ Budget : ★

Pour 4 personnes

8 carottes * 30 g de beurre * 1 cuil. à soupe de sucre * 1 cuil. à soupe de chicorée liquide * 2 branches de thym * 1 branche de romarin

Épluchez les carottes et coupez-les en bâtonnets.

Mettez le beurre à fondre dans une cocotte en fonte et ajoutez les carottes. Mélangez bien afin d'enrober les carottes de beurre, saupoudrez de sucre puis ajoutez la chicorée, les herbes et un verre d'eau. Couvrez et laissez cuire à feu doux 20 minutes.

En fin de cuisson, s'il reste du liquide, poursuivez la cuisson à découvert.

Clafoutis au jambon et à la mimolette

Préparation : 20 minutes • Cuisson : 40 minutes •
Difficulté : ★ Budget : ★

Pour 4 personnes

125 g de farine * 4 œufs * 20 cl de bière * 10 cl de crème liquide * 200 g de jambon blanc * 150 g de mimolette * Sel et poivre du moulin

Préchauffez le four à 180 °C (th. 6).

Dans un grand saladier, mélangez la farine avec les œufs.

Ajoutez deux pincées de sel et du poivre du moulin.

Versez ensuite la bière puis la crème liquide. Mélangez, puis ajoutez le jambon et la mimolette coupés en petits morceaux.

Enfournez pour 40 minutes de cuisson. Dégustez chaud ou tiède.

Cocottes de poulet à la bière et au maroilles

Préparation : 20 minutes • Cuisson : 35 minutes • Difficulté : ★ Budget : ★

Pour 4 personnes
500 g de blancs de poulet * 1 oignon * 1 gousse d'ail * 40 g de beurre * 25 cl de bière blonde * 150 g de maroilles * Sel et poivre

Coupez les blancs de poulet en petits morceaux. Épluchez puis émincez l'oignon. Écrasez la gousse d'ail.

Dans une cocotte, faites dorer les blancs de poulet avec le beurre. Salez légèrement et poivrez. Ajoutez l'oignon et l'ail.

Versez la bière, couvrez la cocotte et laissez mijoter 20 minutes.

En fin de cuisson, déposez le maroilles coupé en tranches et poursuivez la cuisson encore 5 minutes. Servez aussitôt.

Lapin à la gueuze

Préparation : 15 minutes • Cuisson : 2h10 • Difficulté : ★ Budget : ★★

Pour 4 personnes
3 échalotes * 2 oignons * 50 g de beurre * 2 cuil. à soupe d'huile d'olive * 4 cuisses de lapin * 4 râbles de lapin * 50 cl de gueuze * 50 cl de bouillon de volaille * 12 pruneaux dénoyautés * 6 spéculoos * Sel et poivre

Épluchez et émincez finement les échalotes et les oignons.

Dans une grande cocotte, faites fondre le beurre, versez l'huile d'olive et ajoutez les oignons, les échalotes, les cuisses de lapin et les râbles. Faites colorer l'ensemble à feu moyen. Salez et poivrez.

Versez la gueuze et le bouillon de volaille afin de recouvrir le lapin. Couvrez et laissez mijoter 1h30.

Retirez les morceaux de viande et faites réduire le jus en augmentant la puissance de cuisson.

Ajoutez les pruneaux et replacez les morceaux de lapin. Faites chauffer de nouveau pendant 20 minutes.

Avant de servir, saupoudrez de spéculoos émiettés.

Magrets de canard à la kriek

Préparation : 20 minutes • Cuisson : 35 minutes • Difficulté : ★ Budget : ★★

Pour 4 personnes
25 cl de bière kriek * 1 cuil. à soupe de confiture de cerises * 1 cuil. à soupe de Maïzena® * 2 magrets de canard * Fleur de sel * Poivre

Préparez la sauce à la kriek. Dans une cocotte, versez la bière puis ajoutez la confiture. Portez l'ensemble à ébullition et faites réduire de moitié. Liez la sauce avec la Maïzena sur feu moyen. Réservez la sauce.

Entaillez la peau des magrets et placez-les côté gras dans la cocotte. Faites-les dorer à feu moyen (environ 6-7 minutes). Si besoin, récupérez et réservez l'excès de gras. Retournez les magrets côté viande, parsemez de fleur de sel et poivrez. Poursuivez la cuisson pendant 5 minutes.

Une fois les magrets bien saisis, découpez-les en tranches et placez-les sur une assiette.

Jetez le gras restant dans la cocotte, versez la sauce et déglacez à feu vif. Versez ensuite la sauce sur les magrets. Dégustez aussitôt.

Mousse de foies de volaille à la bière blonde

Préparation : 15 minutes • Cuisson : 25 minutes • Difficulté : ★ Budget : ★

Pour 6 personnes
3 échalotes * 20 g de beurre * 400 g de foies de volaille * 25 cl de bière blonde * 1 cuil. à soupe de cognac * Crème liquide * Sel et poivre

Épluchez et émincez les échalotes.

Faites chauffer le beurre dans une poêle et faites-y suer les échalotes. Ajoutez les foies de volaille et faites-les dorer.

Salez et poivrez. Versez la bière et laissez-la s'évaporer grâce à une cuisson assez forte. Renouvelez avec le cognac.

Placez les foies dans la cuve d'un robot et réduisez-les en purée bien lisse. Ajoutez de la crème liquide pour une consistance plus ou moins liquide.

Répartissez la mousse dans un grand ramequin, lissez le dessus.

Réservez au frais avant de déguster.

Pain à la bière express

Préparation : 20 minutes • Cuisson : 45 minutes • Difficulté : ★ Budget : ★

Pour 6-8 personnes
250 g de farine blanche * 250 g de farine complète * 1 sachet de levure chimique * 1 cuil. à café de sel * 25 cl de bière blonde * 1 cuil. à café de miel * Beurre

Préchauffez le four à 180 °C (th. 6).

Dans un saladier, mélangez les farines avec la levure et le sel. Ajoutez la bière et le miel. Pétrissez la pâte avec les doigts pendant 5 à 10 minutes.

Beurrez un moule à cake et versez la pâte à pain.

Placez le pain au four pour 45 minutes de cuisson.

Démoulez à la sortie du four. Dégustez tiède ou froid.

Pain de viande à la bière

Préparation : 30 minutes • Cuisson : 1 heure • Difficulté : ★ Budget : ★

Pour 6 personnes

2 oignons * 2 gousses d'ail * 1 cuil. à soupe d'huile d'olive * 1 œuf * 1 cuil. à soupe de moutarde * 1 cuil. à soupe de sauce Worcestershire® * 10 cl de lait * 10 cl de bière blonde * 3 tranches de pain de mie * 700 g de viande de bœuf hachée * Sel et poivre

Épluchez les oignons et les gousses d'ail. Émincez-les très finement.

Faites chauffer l'huile d'olive et faites blondir les oignons et l'ail. Réservez.

Dans un saladier, battez l'œuf, ajoutez la moutarde et la sauce Worcestershire. Salez, poivrez et mélangez. Versez le lait et la bière, ajoutez le pain de mie déchiqueté à la main, les oignons et l'ail.

Mélangez bien puis ajoutez la viande de boeuf hachée. Malaxez le tout délicatement avec vos mains.

Préchauffez le four à 180 °C (th. 6).

Formez un pain rectangulaire et placez-le sur une plaque de cuisson recouverte de papier sulfurisé (vous pouvez aussi utiliser un grand moule à cake).

Enfournez pour 1 heure de cuisson. Dégustez chaud ou froid.

Petites cocottes de fruits de mer à la bière

Préparation : 15 minutes • Cuisson : 35 minutes • Difficulté : ★ Budget : ★★

Pour 4 personnes

2 oignons * 2 gousses d'ail * Huile d'olive* 400 g de fruits de mer * 10 cl de bière brune * 40 g de gruyère râpé * 4 cuil. à soupe de chapelure * Sel et poivre
Pour la béchamel : 30 g de beurre * 30 g de farine * 50 cl de lait * Noix de muscade

Épluchez et émincez finement les oignons et les gousses d'ail. Dans une grande cocotte, faites revenir à feu doux les oignons et les gousses d'ail dans un peu d'huile d'olive. Ajoutez les fruits de mer, versez la bière et laissez mijoter 15 minutes environ. Salez et poivrez.

Préparez la béchamel : dans une casserole, faites fondre le beurre à feu doux. Une fois le beurre fondu, ajoutez la farine et mélangez bien. La préparation doit se détacher de la paroi de la casserole. Retirez du feu. Versez le lait, mélangez puis replacez sur le feu et remuez sans arrêt jusqu'à épaississement de la sauce. Salez, poivrez et ajoutez un peu de noix de muscade en poudre. Préchauffez le four en position gril.

Dans des petites cocottes individuelles, répartissez les fruits de mer, recouvrez de béchamel et parsemez de gruyère râpé et de chapelure. Enfournez et laissez gratiner 5 minutes.

Servez bien chaud.

Petits flans de crevettes grises

Préparation : 20 minutes • Cuisson : 45 minutes • Difficulté : ★ Budget : ★

Pour 4 personnes

200 g de crevettes grises * 2 échalotes * 20 cl de bière blonde * 3 œufs * 25 cl de crème liquide * 10 brins de ciboulette * Sel et poivre

Épluchez les crevettes grises puis les échalotes et émincez ces dernières finement. Placez les crevettes et les échalotes dans une casserole avec la bière. Faites chauffer l'ensemble pour laisser l'alcool s'évaporer. Égouttez les crevettes et réservez.

Préchauffez le four à 150 °C (th. 5).

Dans un saladier, fouettez les œufs et ajoutez la crème et la ciboulette ciselée. Salez, poivrez puis mélangez.

Répartissez les crevettes dans des ramequins individuels et versez la préparation œufs-crème.

Placez les ramequins dans un grand plat rempli à moitié d'eau et enfournez pour 40 minutes de cuisson.

Laissez un peu tiédir avant de déguster.

Pommes de terre à la bière et à la mimolette

Préparation : 20 minutes • Cuisson : 1 h 10 •
Difficulté : ★ Budget : ★

Pour 6 personnes

1 kg de pommes de terre * 3 oignons * 40 g de beurre * 200 g de lardons fumés * 200 g de mimolette * 25 cl de bière brune * Sel et poivre

Épluchez les pommes de terre et coupez-les en rondelles pas trop épaisses.

Épluchez les oignons et émincez-les.

Dans une grande poêle, faites fondre la moitié du beurre et faites colorer les oignons et les lardons dans le beurre.

Dans un grand plat à gratin beurré, déposez les rondelles de pomme de terre, les oignons et les lardons. Salez, poivrez puis mélangez.

Préchauffez le four à 180 °C (th. 6).

Coupez la mimolette en petits morceaux et placez-les sur les pommes de terre. Versez la bière dans le plat, puis enfournez.

Laissez cuire 1 heure. Si le fromage cuit trop, placez une feuille de papier d'aluminium sur le dessus. Dégustez bien chaud.

Poulet mijoté à la bière et aux pommes

Préparation : 15 minutes • Cuisson : 1 h 15 •
Difficulté : ★ Budget : ★

Pour 4 personnes

2 oignons * 25 g de beurre * 4 cuisses de poulet * 25 cl de bouillon de volaille * 25 cl de bière ambrée * 3 pommes * Sel et poivre

Épluchez et émincez les oignons.

Faites fondre le beurre dans une cocotte. Déposez les cuisses de poulet et saisissez-les. Salez et poivrez.

Ajoutez les oignons émincés, versez le bouillon de volaille et la bière.

Couvrez et laissez mijoter à feu doux pendant 30 minutes.

Épluchez et coupez les pommes en petits morceaux, puis ajoutez-les au poulet à la bière et poursuivez la cuisson pour 30 minutes supplémentaires. Servez la cocotte bien chaude.

Rôti de porc à la bière

Préparation : 20 minutes • Cuisson : 1 h 35 • Difficulté : ★ Budget : ★★

Pour 4 personnes
2 cuil. à soupe d'huile d'olive * 1 kg de rôti de porc * 2 oignons * 2 gousses d'ail * 50 cl de bière blonde * 250 g de Ratte du Touquet® * 1 cuil. à soupe de Maïzena® * 100 g de crème fraîche épaisse * Sel et poivre

Dans une cocotte, faites chauffer l'huile d'olive et faites-y dorer le rôti de porc. Salez et poivrez la viande.

Épluchez les oignons et émincez-les finement. Épluchez les gousses d'ail et écrasez-les.

Ajoutez les oignons et l'ail à la viande et faites-les blondir.

Versez la bière. Couvrez la cocotte et laissez mijoter pendant 1 h 15 environ.

À mi-cuisson, ajoutez les petites rattes du Touquet épluchées. Salez et poivrez.

En fin de cuisson, déposez dans un plat la viande et les pommes de terre.

Délayez la Maïzena dans un peu d'eau, mélangez et ajoutez la crème fraîche. Versez dans la cocotte et portez à ébullition pour faire une sauce onctueuse.

Nappez le rôti et les rattes de sauce. Servez aussitôt.

Soupe à l'oignon et à la bière

Préparation : 15 minutes • Cuisson : 55 minutes • Difficulté : ★ Budget : ★

Pour 4 personnes
4 oignons * 30 g de beurre * 1 l de bouillon de volaille * 33 cl de bière brune * 1 gousse d'ail * Sel et poivre

Épluchez et émincez finement les oignons.

Faites chauffer le beurre dans une casserole et faites-y suer les oignons.

Versez le bouillon de volaille, puis la bière. Salez, poivrez et ajoutez la gousse d'ail. Faites cuire à feu moyen pendant 45 minutes. Dégustez bien chaud.

Souris d'agneau à la bière blonde

Préparation : 20 minutes • Cuisson : 1 heure • Difficulté : ★ Budget : ★★

Pour 4 personnes

Beurre* 4 souris d'agneau * 10 gousses d'ail * 4 échalotes * 200 g de lardons fumés * 6 feuilles de laurier * 50 cl de bière blonde * Sel et poivre

Préchauffez le four à 210 °C (th. 7).

Beurrez un grand plat. Placez-y les souris d'agneau. Salez et poivrez-les.

Épluchez les gousses d'ail et les échalotes. Coupez ces dernières en deux.

Placez dans le plat les lardons, l'ail et les échalotes ainsi que les feuilles de laurier. Versez la bière.

Dès que le four est bien chaud, enfournez le plat et laissez cuire 1 heure. Retournez les souris d'agneau à mi-cuisson.

Nappez les souris de sauce au moment de servir.

Cake aux cerises et à la kriek

Préparation : 15 minutes • Cuisson : 45 minutes • Difficulté : ★ Budget : ★

Pour 6-8 personnes
300 g de cerises * 125 g de beurre mou * 125 g de sucre * 3 œufs * 250 g de farine * 1 sachet de levure chimique * 10 cl de bière kriek * Sel

Préchauffez le four à 180 °C (th. 6).

Dénoyautez les cerises.

Dans un saladier, mélangez le beurre mou avec le sucre. Ajoutez les œufs, la farine, la levure et une pincée de sel.

Mélangez. Versez la bière et mélangez de nouveau.

Ajoutez délicatement les cerises et remuez.

Versez la préparation dans un moule à cake beurré ou en silicone.

Enfournez et laissez cuire 45 minutes.

Démoulez à la sortie du four et laissez refroidir avant de déguster.

Gâteau à la bière ambrée

Préparation : 15 minutes • Cuisson : 1 h05 • Difficulté : ★ Budget : ★

Pour 6-8 personnes

100 g de beurre * 350 g de farine * ½ sachet de levure chimique * 150 g de vergeoise * 100 g de poudre d'amandes * 4 œufs * 20 cl de bière ambrée * Sel

Préchauffez le four à 150 °C (th. 5).

Faites fondre le beurre.

Mélangez la farine, la levure, la vergeoise et la poudre d'amandes.

Séparez les blancs des jaunes d'œufs, ajoutez les jaunes au mélange précédent puis la bière. Mélangez l'ensemble.

Montez les blancs d'œufs en neige ferme avec une pincée de sel et incorporez-les délicatement à la pâte à gâteau.

Versez la pâte dans un moule antiadhésif et enfournez pour 1 heure.

Démoulez à la sortie du four et laissez tiédir avant de déguster.

Pancakes à la bière et compotée de framboises à la gueuze

Préparation : 20 minutes • Repos : 1 heure • Cuisson : 30 minutes • Difficulté : ★ Budget : ★

Pour 6 personnes
Pour la pâte à pancakes : 250 g de farine * 1 sachet de levure chimique * 40 g de sucre * 2 œufs * 20 cl de lait * 20 cl de bière * 2 cuil. à soupe d'huile * Beurre
Pour la compotée : 400 g de framboises surgelées * 40 g de sucre * 10 cl de gueuze framboise

Mélangez la farine avec la levure et le sucre. Ajoutez les œufs et mélangez.

Versez ensuite les liquides : le lait, la bière et l'huile. Fouettez afin d'éviter les grumeaux.

Laissez reposer la pâte 1 heure.

Préparez la compotée de framboises pendant ce temps. Placez les framboises dans une casserole avec le sucre. Laissez-les décongeler doucement à feu doux. Dès que les framboises sont décongelées, versez la bière et faites évaporer l'alcool en augmentant la puissance de cuisson. Réservez la compotée hors du feu.

Faites chauffer une poêle avec une noisette de beurre et faites cuire les pancakes un à un.

Servez les pancakes avec la compotée de framboises.

Sabayon de fruits rouges à la kriek

Préparation : 25 minutes • Cuisson : 15 minutes • Difficulté : ★ Budget : ★

Pour 4 personnes

250 g de fruits rouges frais * 40 g de sucre glace * 4 jaunes d'œufs * 10 cl de crème liquide entière * 10 cl de bière kriek * 60 g de sucre

Répartissez les fruits rouges dans 4 ramequins individuels. Saupoudrez-les de sucre glace et réservez.

Préchauffez le gril du four.

Préparez un bain-marie en portant légèrement à ébullition une casserole à moitié remplie d'eau.

Préparez le sabayon : dans un petit saladier (qui s'adaptera à la taille de la casserole pour la cuisson au bain-marie), mélangez au fouet les jaunes d'œufs, la crème liquide, la kriek et le sucre.

Placez le saladier sur la casserole et à feu doux, fouettez énergiquement la préparation à sabayon afin que celui-ci épaississe.

Répartissez le sabayon sur les fruits rouges. Faites-les légèrement gratiner sous le gril et servez aussitôt.

Sorbet à la kriek

Préparation : 10 minutes • Cuisson : 50 minutes • Congélation : 40 minutes • Difficulté : ★ Budget : ★

Pour 6 personnes

200 g de sucre * 25 cl de bière kriek * Le jus de 1 citron * 1 blanc d'œuf

Faites bouillir 20 cl d'eau avec le sucre afin d'obtenir un sirop.

Laissez refroidir le sirop puis incorporez la kriek, le jus de citron et le blanc d'œuf. Fouettez énergiquement l'ensemble pendant 3-4 minutes.

Répartissez la préparation dans une sorbetière et laissez prendre pendant 40 minutes.

Dégustez aussitôt le sorbet ou placez-le au congélateur.

Bouillon blanc de volaille

Préparation : 30 minutes • Cuisson : 1 h 12 •
Difficulté : ★ Budget : ★

Pour 4 personnes

2 poireaux * 3 carottes * 2 navets * 1 céleri * 2 cuisses de poulet * 1 feuille de laurier * 1 branche de thym * 2 jaunes d'œufs * 10 cl de crème liquide entière * 3 cuil. à soupe de chicorée liquide * Sel et poivre

Épluchez et coupez les légumes en morceaux. Placez-les dans une cocotte avec les cuisses de poulet, le laurier et le thym. Salez, poivrez puis couvrez d'eau.

Portez à ébullition puis laissez cuire 1 heure sur feu doux. Si besoin, retirez l'écume à la surface du bouillon avec une écumoire.

Retirez la viande, le laurier et la branche de thym. Dans un bol, fouettez les jaunes d'œufs, la crème et la chicorée, ajoutez 1 louche de bouillon. Reversez le tout dans la cocotte. Poursuivez la cuisson 2 minutes.

Servez le bouillon avec les légumes en entrée.

Endives caramélisées à la chicorée

Préparation : 20 minutes • Cuisson : 30 minutes •
Difficulté : ★ Budget : ★

Pour 4 personnes

8 endives * 1 cuil. à soupe de margarine * 2 cuil. à café de cassonade * 1 cuil. à soupe de chicorée liquide * 1 tranche de pain d'épices * Sel et poivre

Retirez la base et les feuilles abîmées des endives. Placez-les dans une cocotte avec la margarine et mettez-les à dorer sur toutes les faces. Saupoudrez de cassonade puis faites caraméliser en les retournant régulièrement.

Salez, poivrez, arrosez de chicorée liquide, d'un verre d'eau et laissez mijoter à couvert sur feu doux pendant 20 minutes.

Au moment de servir, saupoudrez les endives de pain d'épices émietté.

Magret de canard à la chicorée

Préparation : 20 minutes • Cuisson : 22 minutes • Difficulté : ★ Budget : ★★

Pour 4 personnes
2 magrets de canard * 2 échalotes * 1 cuil. à soupe de miel * 1 cuil. à soupe de chicorée liquide * 10 cl de bouillon de volaille * 1 cuil. à soupe de crème fraîche épaisse * Sel et poivre

Préparez les magrets en découpant l'excès de gras en périphérie puis taillez la peau en formant des croisillons.
Chauffez une poêle sans matière grasse et commencez la cuisson des magrets côté peau 10 minutes puis retournez-les. Baissez le feu dès que le gras commence à crépiter.
Retirez les magrets et éliminez tout le gras fondu. Dans la poêle, mettez les échalotes à suer sans trop les colorer. Ajoutez le miel, la chicorée et le bouillon de volaille. Portez à ébullition jusqu'à épaississement de la sauce. Ajoutez la crème fraîche.
Replacez les magrets 2 minutes dans la sauce, salez et poivrez. Coupez les magrets en tranches, placez-les dans les assiettes puis nappez de sauce.

Noix de Saint-Jacques à la chicorée

Préparation : 20 minutes • Cuisson : 10 minutes • Difficulté : ★ Budget : ★★

Pour 6 personnes

2 échalotes * 36 noix de Saint-Jacques * 30 g de beurre * 1 cuil. à soupe de fumet de poisson * 1 cuil. à soupe de chicorée liquide * 3 cuil. à soupe de crème fraîche épaisse * 10 brins de ciboulette * Sel et poivre

Épluchez et émincez les échalotes.

Faites revenir les noix de Saint-Jacques sur feu vif dans le beurre, 1 minute sur chaque face, puis réservez au chaud.

Faites blondir les échalotes dans la poêle, ajoutez le fumet de poisson dilué dans 15 cl d'eau chaude, la chicorée et la crème. Faites réduire 3 minutes et ajustez l'assaisonnement.

Replacez les noix de Saint-Jacques dans la poêle 1 minute afin de les réchauffer.

Dressez des petites brochettes et servez sur un lit de pâtes fraîches.

Parsemez de ciboulette ciselée et servez aussitôt.

Pavés de saumon marinés à la chicorée

Préparation : 15 minutes • Repos : 1 heure • Cuisson : 15 minutes • Difficulté : ★ Budget : ★★

Pour 4 personnes
4 pavés de saumon * 2 cuil. à soupe de chicorée liquide * 1 cuil. à soupe de sirop d'érable * Ciboulette* Sel et poivre

Préchauffez le four à 160 °C (th. 5-6).
Placez les 4 pavés de saumon dans un sachet congélation. Arrosez-les de chicorée et de sirop d'érable. Fermez le sachet en chassant un maximum d'air et malaxez afin que le saumon soit bien enrobé de marinade. Laissez reposer 1 heure au frais.
Placez les pavés de saumon dans un plat allant au four, saupoudrez de ciboulette ciselée, salez, poivrez puis couvrez de papier d'aluminium et mettez au four pour 15 minutes.

Salade de foies de volaille à la chicorée

Préparation : 20 minutes • Cuisson : 15 minutes • Difficulté : ★ Budget : ★★

Pour 4 personnes

4 œufs * 400 g de foies de volaille * 30 g de margarine * 2 cuil. à soupe de chicorée liquide * 4 cuil. à soupe d'huile d'olive * 1 cuil. à soupe de vinaigre balsamique blanc * 1 cuil. à soupe de moutarde * 200 g de mâche * 20 tomates cerise * Sel et poivre

Mettez les œufs à cuire 6 minutes dans une casserole d'eau bouillante afin d'obtenir des œufs mollets.

Pendant ce temps, dans une poêle, mettez les foies de volaille à dorer dans la margarine puis baissez le feu pour poursuivre la cuisson pendant 5 minutes. Ajoutez la chicorée, mélangez, puis salez, poivrez et arrêtez la cuisson.

Dans un bol, mélangez l'huile d'olive, le vinaigre et la moutarde, salez et poivrez.

Répartissez la mâche dans 4 assiettes creuses, ajoutez les tomates cerise coupées en deux et les foies de volaille coupés en morceaux. Arrosez de vinaigrette puis placez 1 œuf mollet au milieu de chaque assiette et servez.

Terrine de lapin à la chicorée

Préparation : 30 minutes • Repos : 1 nuit + 12 heures • Cuisson : 1 heure • Difficulté : ★ Budget : ★★

Pour 4 personnes

600 g de chair de lapin * 200 g d'échine de porc * 1 oignon * 1 gousse d'ail * 3 cuil. à soupe de chicorée liquide * 1 cuil. à soupe de persil haché * 10 cl de vin blanc * 2 feuilles de laurier * Sel et poivre

Préchauffez le four à 160 °C (th. 5-6).

Passez au hachoir les viandes de lapin et de porc, puis l'oignon. Placez le tout dans un saladier, ajoutez l'ail écrasé, la chicorée, le persil et le vin. Salez, poivrez et mélangez soigneusement. Ajoutez les feuilles de laurier, couvrez d'un film alimentaire et placez au frais une nuit.

Retirez les feuilles de laurier et remplissez 1 terrine ou 4 cocottes individuelles, placez-les dans un bain-marie et mettez-les à cuire, 1 heure pour la terrine et 45 minutes pour des parts individuelles.

À la sortie du four, laissez refroidir puis placez au frais 12 heures avant de déguster.

Veau aux champignons et à la chicorée

Préparation : 20 minutes • Cuisson : 1 h 15 • Difficulté : ★ Budget : ★★

Pour 6 personnes
1 kg de sauté de veau * 30 g de margarine * 2 oignons * 4 gousses d'ail * 3 cuil. à soupe de farine * 40 cl de bouillon de légumes * 150 g de champignons de Paris * 15 cl de crème liquide entière * 3 cuil. à soupe de chicorée liquide * Sel et poivre

Coupez le veau en gros morceaux. Faites-les dorer dans une cocotte avec la margarine. Retirez les morceaux de viande puis placez les oignons émincés et l'ail haché dans la cocotte pour les faire blondir.
Replacez les morceaux de veau dans la cocotte, ajoutez la farine et mélangez bien. Versez le bouillon, ajoutez les champignons, salez et poivrez.
Laissez cuire environ 45 minutes à couvert sur feu doux, puis ajoutez la crème liquide et la chicorée dans la cocotte et laissez encore cuire 10 minutes.

Velouté de champignons à la chicorée

Préparation : 30 minutes • Cuisson : 30 minutes • Difficulté : ★ Budget : ★

Pour 4 personnes
400 g de champignons * 1 oignon * 1 cuil. à soupe de margarine * 2 cuil. à soupe de farine * 1 l de bouillon de légumes * 1 cuil. à soupe de crème fraîche épaisse * 2 cuil. à soupe de chicorée liquide * Sel et poivre

Nettoyez et émincez finement les champignons. Épluchez et hachez l'oignon.

Dans une cocotte, mettez l'oignon à dorer avec la margarine. Ajoutez les champignons, poursuivez la cuisson 5 minutes.

Ajoutez la farine, mélangez puis versez le bouillon de légumes. Mettez à cuire 20 minutes.

Mixez en laissant quelques morceaux puis ajoutez la crème. Salez et poivrez.

Servez le velouté accompagné de chicorée à ajouter selon votre goût.

Cake à la chicorée et aux noix

Préparation : 20 minutes • Cuisson : 40 minutes • Difficulté : ★ Budget : ★

Pour 6 personnes
120 g de beurre * 120 g de sucre roux * 1 sachet de sucre vanillé * 3 œufs * 190 g de farine * 20 g de Maïzena® * 1 sachet de levure chimique * 2 cuil. à soupe de chicorée liquide * 60 g de cerneaux de noix * Sel Pour le glaçage : 130 g de sucre glace

Préchauffez le four à 210 °C (th. 7).
Battez le beurre en pommade avec les sucres et une pincée de sel. Ajoutez les œufs un à un en fouettant entre deux.
Mélangez la farine, la Maïzena et la levure, ajoutez-les en 3 fois au mélange. Ajoutez la chicorée et les cerneaux de noix.
Versez la pâte dans un moule à cake beurré et fariné et mettez au four pour 10 minutes. Abaissez ensuite la température à 180 °C (th. 6) pour 30 minutes.
Contrôlez la cuisson du cake en enfonçant la lame d'un couteau au centre, elle doit ressortir sèche. Si besoin, prolongez la cuisson 10 minutes. Laissez refroidir sur une grille.
Mélangez le sucre glace et 3 cl d'eau afin d'obtenir une pâte pas trop liquide (si besoin, ajoutez du sucre glace) et étalez ce glaçage sur le cake refroidi. Laissez sécher à température ambiante.

Cheesecake à la chicorée

Préparation : 20 minutes • Repos : 1 nuit + 30 minutes • Cuisson : 42 minutes • Difficulté : ★ Budget : ★

Pour 8 personnes

150 g de spéculoos * 50 g de beurre * 500 g de fromage blanc à 20% de matières grasses * 300 g de fromage frais Philadelphia® * 4 œufs * 120 g de sucre * 2 cuil. à soupe de farine * 2 cuil. à soupe de chicorée liquide

Préchauffez le four à 150 °C (th. 5).

Réduisez les biscuits en poudre avec un robot mixeur. Faites fondre le beurre au micro-ondes et ajoutez-le aux biscuits. Mélangez puis répartissez ce mélange dans 8 empreintes en silicone et tassez-le à l'aide d'une cuillère à soupe. Placez au frais 30 minutes.

Fouettez le fromage blanc avec le fromage Philadelphia, les œufs, le sucre et la farine. Ajoutez la chicorée, mélangez bien puis versez cette crème dans les moules et lissez la surface.

Mettez au four pour 40 minutes. Laissez-y ensuite refroidir le cheesecake puis placez-le une nuit au frais.

Servez saupoudré de miettes de spéculoos.

Crème brûlée à la chicorée

Préparation : 15 minutes • Repos : 2 heures • Cuisson : 1 h 10 • Difficulté : ★ Budget : ★

Pour 6 personnes
15 cl de lait * 35 cl de crème liquide entière * 5 jaunes d'œufs * 60 g de sucre * 2 cuil. à soupe de chicorée liquide * Vergeoise blonde

Versez le lait et la crème liquide dans une casserole et portez à ébullition.

Préchauffez le four à 100 °C (th. 3-4).

Battez les jaunes d'œuf avec le sucre, puis ajoutez la crème bouillante. Ajoutez la chicorée, puis versez la préparation dans 6 coupelles à crème brûlée.

Mettez au four pour 1 heure. Laissez refroidir et placez au frais 2 heures minimum.

Au moment de servir, saupoudrez les crèmes de vergeoise et caramélisez-les à l'aide d'un chalumeau.

Crèmes renversées à la chicorée

Préparation : 15 minutes • Cuisson : 40 minutes • Difficulté : ★ Budget : ★

Pour 6 personnes
Pour le caramel : 100 g de sucre * 1 cuil. à soupe de chicorée liquide *
6 œufs * 150 g de sucre * 80 cl de lait entier * 3 cuil. à soupe de chicorée liquide

Commencez par le caramel. Dans une casserole, faites cuire le sucre avec 2 cuil. à soupe d'eau et la chicorée sans remuer, portez à ébullition 5 minutes puis versez le caramel dans des ramequins.
Fouettez les œufs avec le sucre. Portez le lait à ébullition et versez-le sur les œufs. Ajoutez la chicorée.
Versez cette préparation sur le caramel dans les ramequins et mettez-les à cuire au four, dans un bain-marie, 30 minutes à 180 °C (th. 6). Contrôlez la cuisson, la crème ne doit plus être liquide mais toujours tremblotante au centre. Si besoin, poursuivez la cuisson 10 minutes.
Sortez les crèmes du four, laissez-les refroidir puis placez-les au frais.

Diamants à la chicorée

Préparation : 20 minutes • Repos : 2 heures • Cuisson : 12 minutes • Difficulté : ★ Budget : ★

Pour 6 personnes

180 g de farine * 70 g de poudre d'amandes * 90 g de sucre * 150 g de beurre * 1 cuil. à soupe de chicorée liquide * 50 g de sucre cristal * Sel

Préchauffez le four à 180 °C (th. 6).

Mélangez la farine, la poudre d'amandes, le sucre et une pincée de sel. Ajoutez le beurre tempéré et la chicorée liquide, commencez à mélanger avec une fourchette puis réunissez tous les ingrédients en boule.

Divisez la pâte en 3 parts égales et façonnez 3 boudins de 3 cm de diamètre. Enveloppez-les individuellement dans un film alimentaire en prenant soin de garder la forme cylindrique et laissez au frais 2 heures. Roulez les rouleaux de pâte dans le sucre cristal afin que toute la surface en soit recouverte. Coupez des tronçons de 1,5 cm d'épaisseur et placez-les sur une plaque de cuisson recouverte d'une feuille de papier sulfurisé. Mettez les biscuits au four pour 12 minutes. Laissez-les ensuite refroidir sur la plaque puis conservez-les dans une boîte métallique.

Fondant à la chicorée

Préparation : 20 minutes • Repos : 2h15 • Cuisson : 35 minutes • Difficulté : ★ Budget : ★

Pour 6 personnes

200 g de chocolat blanc * 50 g de beurre * 10 cl de lait concentré non sucré * 50 g de sucre * 35 g de farine * 2 cuil. à soupe de chicorée liquide * 4 œufs

Préchauffez le four à 180 °C (th. 6).

Faites fondre le chocolat blanc au bain-marie avec le beurre. Hors du feu, ajoutez le lait concentré, le sucre, la farine et la chicorée. Incorporez les œufs un à un, battus en omelette. Versez la préparation dans un moule à cake, de préférence en silicone, et mettez à cuire pour 30 minutes.

Laissez refroidir 15 minutes, démoulez puis placez au frais 2 heures.

Financiers à la chicorée et à la noisette

Préparation : 15 minutes • Cuisson : 20 minutes • Difficulté : ★ Budget : ★

Pour 6 personnes

120 g de beurre * 120 g de poudre de noisettes * 100 g de sucre glace * 40 g de farine * 4 blancs d'œufs * 2 cuil. à soupe de chicorée liquide

Préchauffez le four à 180 °C (th. 6).

Mettez le beurre à fondre.

Tamisez la poudre de noisettes, le sucre glace et la farine.

Ajoutez les blancs d'œufs puis la chicorée et mélangez jusqu'à l'obtention d'une pâte homogène.

Incorporez le beurre fondu.

Remplissez des moules beurrés ou en silicone en vous aidant d'une poche à douille. Mettez au four pour 15 minutes.

Laissez refroidir 10 minutes et démoulez.

Flan pâtissier à la chicorée

Préparation : 30 minutes • Repos : 1 heure • Cuisson : 45 minutes • Difficulté : ★ Budget : ★

Pour 8 personnes

4 œufs * 150 g de sucre * 70 g de Maïzena® * 3 cuil. à soupe de chicorée liquide * 80 cl de lait entier * 1 pâte brisée

Préchauffez le four à 200 °C (th. 6-7).

Fouettez les œufs et le sucre. Ajoutez la Maïzena et la chicorée.

Portez le lait à ébullition puis ajoutez-le au mélange précédent hors du feu. Versez le tout dans une casserole et mettez à épaissir sur feu moyen en mélangeant constamment. Dès que la crème épaissit, retirez du feu, versez dans un saladier et couvrez de film alimentaire au contact. Laissez refroidir 1 heure en mélangeant toutes les 20 minutes environ.

Chemisez un moule à tarte à bord haut avec la pâte brisée. Piquez le fond à la fourchette et versez la crème refroidie, lissez et mettez au four pour 30 minutes.

Laissez refroidir avant de déguster.

Éclairs à la chicorée

Préparation : 1 heure • Repos : 4 heures • Cuisson : 1 heure • Difficulté : ★★ Budget : ★

Pour 6 personnes
Pour la pâte : 12,5 cl de lait * 100 g de beurre * ½ cuil. à café de sel * 150 g de farine * 4 œufs * 1 jaune d'œuf
Pour la crème : 50 cl de lait * 4 jaunes d'œufs * 100 g de sucre * 50 g de Maïzena® * 2 cuil. à soupe de chicorée liquide
Pour le glaçage : 200 g de sucre glace * 1 cuil. à café de chicorée liquide * 1 blanc d'œuf

Préchauffez le four à 180 °C (th. 6). Versez le lait et 12,5 cl d'eau dans une casserole, ajoutez le beurre coupé et le sel. Portez à ébullition. Ajoutez la farine. Mélangez pendant 1 minute afin d'assécher la pâte. Versez la pâte dans un saladier ou dans le bol d'un robot pâtissier et ajoutez les œufs entiers un à un. À l'aide d'une poche à douille, réalisez les éclairs sur une plaque de cuisson recouverte de papier sulfurisé. Diluez le jaune d'œuf avec 1 cuil. à café d'eau. Badigeonnez chaque chou avec un pinceau et abaissez la pointe. Enfournez pour 30 à 40 minutes sans jamais ouvrir la porte du four pendant les 20 premières minutes. Dans une casserole, portez le lait à ébullition. Fouettez les jaunes d'œufs et le sucre jusqu'à ce que le mélange blanchisse puis ajoutez la Maïzena. Ajoutez un peu de lait bouillant à ce mélange, puis remettez le tout dans la casserole et laissez épaissir sur feu doux en fouettant sans arrêt. Mettez la crème dans un saladier, ajoutez la chicorée et mélangez jusqu'à ce que la crème soit homogène. Filmez la crème au contact et laissez-la refroidir. Perforez le fond des éclairs avec un couteau pointu et garnissez-les de crème à l'aide d'une poche à douille. Placez-les au frais. Mélangez le sucre glace avec la chicorée et ajoutez le blanc d'œuf petit à petit. Placez ce glaçage dans une assiette creuse et trempez-y le dessus de chaque éclair. Retirez l'excès puis laissez sécher 4 heures.

Gaufres fourrées à la vergeoise

Préparation : 30 minutes • Repos : 2 heures • Cuisson : 2 minutes par gaufre • Difficulté : ★★ Budget : ★

Pour 20 pièces
1 sachet de levure de boulanger déshydratée * 20 cl de lait * 325 g de beurre * 500 g de farine * 3 œufs * 30 g de sucre * 1 sachet de sucre vanillé * 500 g de vergeoise blonde * 4 cuil. à soupe de rhum

Diluez la levure dans 3 cuil. à soupe de lait tiède.

Faites fondre 125 g de beurre.

Dans un saladier, formez un puits avec la farine. Versez au centre les œufs battus en omelette, la levure, les sucres et le beurre fondu. Ajoutez le lait et pétrissez jusqu'à l'obtention d'une pâte homogène. Couvrez d'un torchon et laissez reposer 1 heure.

Mélangez le beurre restant, la vergeoise et le rhum. Réservez.

Façonnez 20 quenelles avec la pâte et laissez-les reposer 1 heure sur une plaque de cuisson.

Chauffez un gaufrier à gaufrettes et déposez les quenelles de pâte deux par deux.

Dès qu'elles sont cuites, ouvrez-les en deux à l'aide de la pointe d'un couteau et garnissez-les du mélange vergeoise-beurre-rhum. Refermez les gaufres, pressez-les légèrement et laissez-les refroidir.

Gratin de poires à la chicorée

Préparation : 15 minutes • Cuisson : 20 minutes • Difficulté : ★ Budget : ★

Pour 4 personnes
Pour le crumble : 50 g de beurre * 50 g de farine * 50 g de sucre * 50 g de poudre d'amandes * Quatre-épices
Pour la garniture : 2 poires bien mûres (grosses) * 2 œufs * 50 g de sucre * 1 cuil. à soupe de chicorée liquide * 20 cl de crème liquide entière

Préchauffez le four à 180 °C (th. 6).

Commencez par réaliser le crumble : écrasez le beurre en pommade à l'aide d'une fourchette. Ajoutez la farine, le sucre, la poudre d'amandes et deux pincées de quatre-épices. Mélangez à la fourchette dans un premier temps, du bout des doigts par la suite. Formez un gros sablé et placez au frais 20 minutes.

Pendant ce temps, lavez, épluchez et coupez les poires en morceaux. Placez-les dans un plat à gratin ou dans des ramequins.

Fouettez les œufs avec le sucre et la chicorée, puis ajoutez la crème. Versez ce mélange sur les poires, celles-ci doivent demeurer visibles. Recouvrez ensuite de crumble.

Mettez au four et laissez cuire environ 20 minutes. À la sortie du four, laissez tiédir puis servez.

Guimauves à la chicorée

Préparation : 40 minutes • Repos : 24 heures • Cuisson : 10 minutes • Difficulté : ★★ Budget : ★

Pour 8 personnes
250 g de sucre * 8 feuilles de gélatine * 3 blancs d'œufs * 2 cuil. à soupe de chicorée liquide * 100 g de sucre glace

Dans une petite casserole, versez le sucre et 8 cl d'eau. Mettez ce sirop à cuire jusqu'à atteindre la température de 130 °C.
Pendant ce temps, faites ramollir les feuilles de gélatine dans de l'eau froide et battez les blancs d'œufs en neige.
Lorsque le sirop a atteint la bonne température, ajoutez la gélatine essorée. Versez ensuite le sirop chaud sur les blancs d'œufs sans cesser de battre et en ne touchant pas les fouets afin d'éviter les projections.
Ajoutez la chicorée puis fouettez jusqu'à ce que le mélange refroidisse.
Étalez la pâte en couche régulière sur une plaque de cuisson siliconée saupoudrée de sucre glace. Ensuite, saupoudrez également de sucre glace le dessus de la pâte.
Laissez sécher à l'air ambiant 24 heures.
Démoulez délicatement la plaque de guimauve, coupez des carrés puis roulez-les dans le sucre glace. Conservez les guimauves dans une boîte hermétique.

Iles flottantes à la chicorée

Préparation : 40 minutes • Cuisson : 11 minutes • Difficulté : ★ Budget : ★

Pour 6 personnes
Pour la crème anglaise : 40 cl de lait * 4 jaunes d'œufs * 80 g de sucre * 2 cuil. à soupe de chicorée liquide
Pour les blancs : 4 blancs d'œufs * 30 g de sucre * 1 sachet de sucre vanillé * Vermicelle en chocolat

Préparez la crème anglaise : portez le lait à ébullition. Battez les jaunes d'œufs avec le sucre, jusqu'à ce que le mélange blanchisse. Versez le lait chaud sur ce mélange hors du feu. Remettez sur feu doux et laissez épaissir sans jamais faire bouillir, tout en remuant sans arrêt. La crème doit napper la cuillère en bois. Ajoutez la chicorée et laissez refroidir, puis placez au réfrigérateur.
Montez les blancs d'œufs en neige. Quand ils commencent à bien mousser, ajoutez les sucres puis continuez de battre jusqu'à l'obtention de blancs très fermes et brillants. À l'aide de 2 cuillères à soupe, formez 6 grosses quenelles de blancs d'œufs et placez-les sur une assiette. Faites-les cuire 15 secondes au micro-ondes, puissance 700 watts. Testez la cuisson au doigt : si elles sont encore collantes, laissez cuire 5 secondes de plus. Réservez au frais.
Versez la crème anglaise dans 6 assiettes creuses, déposez les blancs d'œufs et décorez de vermicelles en chocolat.

Mousses à la chicorée

Préparation : 20 minutes • Repos : 4 heures • Cuisson : 10 minutes • Difficulté : ★ Budget : ★

Pour 6 personnes
40 cl de lait * 4 jaunes d'œufs * 120 g de sucre * 30 g de Maïzena® * 3 cuil. à soupe de chicorée liquide * 2 feuilles de gélatine * 2 blancs d'œufs * 20 cl de crème liquide entière

Portez le lait à ébullition. Battez les jaunes d'œufs avec 100 g de sucre, jusqu'à ce que le mélange blanchisse, puis ajoutez la Maïzena.
Versez le lait chaud sur les jaunes d'œufs hors du feu. Remettez sur feu doux et laissez épaissir, tout en remuant sans arrêt. Ajoutez la chicorée et la gélatine préalablement ramollie dans l'eau froide. Couvrez la crème au contact d'un film alimentaire puis laissez tiédir.
Montez les blancs d'œufs en neige. Quand ils commencent à bien mousser, ajoutez 20 g de sucre puis continuer de battre jusqu'à l'obtention de blancs fermes et brillants. Incorporez-les à la crème à la chicorée.
Montez la crème liquide très froide en chantilly puis incorporez-la au mélange précédent.
Remplissez 6 verrines et réservez au frais 4 heures avant de déguster.

Panna cotta à la chicorée

Préparation : 20 minutes • Repos : 2 heures • Cuisson : 5 minutes • Difficulté : ★ Budget : ★

Pour 4 personnes

15 cl de lait * 35 cl de crème liquide entière * 80 g de sucre * 2 cuil. à soupe de chicorée liquide * 2 feuilles de gélatine

Dans une casserole, mélangez le lait, la crème et le sucre. Portez à ébullition, ajoutez la chicorée et la gélatine préalablement ramollie dans l'eau froide.

Versez dans les verrines et laissez figer à température ambiante. Placez au frais 2 heures minimum.

Riz au lait à la chicorée

Préparation : 20 minutes • Cuisson : 33 minutes • Difficulté : ★ Budget : ★

Pour 4 personnes

100 g de riz rond * 50 cl de lait * 40 g de sucre * 2 cuil. à soupe de chicorée liquide

Lavez le riz à l'eau froide, égouttez-le bien et faites-le blanchir 3 minutes dans l'eau bouillante.

Égouttez le riz et versez-le dans le lait avec le sucre et la chicorée. Portez à ébullition puis laissez cuire sur feu doux et à couvert de 20 à 30 minutes en mélangeant régulièrement. Le riz doit être tendre et le lait pratiquement absorbé.

Laissez refroidir, remplissez 4 ramequins et réservez au frais.

Tarte al chuc (tarte au sucre)

Préparation : 30 minutes • Repos : 30 minutes • Cuisson : 30 minutes • Difficulté : ★ Budget : ★

Pour 6 personnes

Pour la pâte brisée : 250 g de farine * 125 g de beurre * 1 jaune d'œuf * Sel
Pour la garniture : 200 g de vergeoise brune * 15 cl de crème fraîche épaisse

Faites un puits avec la farine et mettez au centre le beurre tempéré coupé en cubes, une pincée de sel et sablez du bout des doigts. Ajoutez le jaune d'œuf, puis commencez à mélanger du bout des doigts. Ajoutez un peu d'eau petit à petit (5 cl) jusqu'à l'obtention d'une pâte homogène et formez une boule. Placez-la au frais 30 minutes.
Étalez la pâte et placez-la dans un moule de 24 cm de diamètre beurré et fariné. Piquez le fond avec une fourchette, puis étalez la vergeoise et répartissez la crème.
Mettez au four préchauffé à 180 °C (th. 6) pour 30 minutes.
À la sortie du four, laissez refroidir et démoulez.

Tarte aux pommes et à la chicorée

Préparation : 30 minutes • Repos : 30 minutes • Cuisson : 25 minutes • Difficulté : ★ Budget : ★

Pour 6 personnes

1 pâte feuilletée * 4 pommes * 3 œufs * 25 cl de crème liquide entière * 80 g de sucre * 2 cuil. à soupe de chicorée liquide * Sucre glace

Garnissez de pâte feuilletée un moule à tarte de 24 cm de diamètre, placez-le au frais 30 minutes.
Préchauffez le four à 200 °C (th. 6-7). Épluchez et coupez les pommes en morceaux.
Mélangez les œufs, la crème, le sucre et la chicorée. Piquez le fond de tarte à l'aide d'une fourchette, répartissez les morceaux de pomme puis couvrez avec la préparation à base d'œufs et placez au four de 20 à 25 minutes.
À la sortie du four, attendez 10 minutes pour démouler la tarte et saupoudrez-la de sucre glace.

Confit d'oignons à la vergeoise

Préparation : 20 minutes • Cuisson : 50 minutes • Difficulté : ★ Budget : ★

Pour 6 personnes
6 oignons * 3 cuil. à soupe d'huile d'olive * 100 g de vergeoise brune * 15 cl de vin blanc * 4 cuil. à soupe de vinaigre balsamique * Sel

Épluchez et émincez finement les oignons. Faites-les suer dans une sauteuse avec l'huile d'olive jusqu'à ce qu'ils deviennent translucides.
Ajoutez la vergeoise, le vin et le vinaigre balsamique. Salez, mélangez et laissez cuire 45 minutes sur feu doux en mélangeant régulièrement.
Conservez le confit d'oignons dans un bocal hermétique.

Poulet à la bière et vergeoise

Préparation : 30 minutes • Cuisson : 30 minutes • Difficulté : ★ Budget : ★

Pour 6 personnes

1 oignon * 2 échalotes * 12 poulets (pignons)* 30 g de margarine * 2 cuil. à soupe de farine * 1 cuil. à soupe de paprika * 1 branche de thym * 1 feuille de laurier * 2 cuil. à soupe de vergeoise brune * 33 cl de bière brune * Sel et poivre

Épluchez et émincez l'oignon et les échalotes.

Faites revenir les pignons de poulets sur feu vif dans la margarine puis retirez-les. Placez l'oignon et les échalotes dans la cocotte et faites-les blondir. Ajoutez le poulet, saupoudrez de farine et de paprika puis mélangez.

Ajoutez le thym, le laurier, la vergeoise, salez et poivrez. Arrosez avec la bière et placez au four 30 minutes à 180 °C (th. 6).

Servez accompagné de pâtes fraîches ou de frites.

Bananes caramélisées à la vergeoise

Préparation : 10 minutes • Cuisson : 5 minutes • Difficulté : ★ Budget : ★

Pour 4 personnes

Pour la chantilly : 18 cl de crème liquide entière * 1 cuil. à soupe de vergeoise
Pour les bananes : 4 bananes * 40 g de beurre * 3 cuil. à soupe de vergeoise

Montez la crème liquide très froide en chantilly et sucrez-la avec de la vergeoise. Réservez au frais.

Épluchez les bananes, coupez-les en deux dans le sens de la longueur.

Faites fondre du beurre dans une grande poêle, ajoutez la vergeoise. Lorsqu'elle est totalement fondue et que le mélange commence à mousser, ajoutez les bananes. Laissez cuire 2 minutes puis retournez-les délicatement et poursuivez la cuisson 3 minutes.

Servez les bananes caramélisées aussitôt accompagnées de chantilly.

Cake à la vergeoise

Préparation : 30 minutes • Cuisson : 50 minutes • Difficulté : ★ Budget : ★

Pour 6 personnes
100 g de beurre mou * 100 g de vergeoise brune * 1 sachet de sucre vanillé * 3 œufs * 280 g de farine * ½ sachet de levure chimique * 10 cl de lait * 1 cuil. à soupe de rhum * Sel

Battez le beurre tempéré avec la vergeoise et le sucre vanillé. Ajoutez les œufs un à un.

Incorporez la farine mélangée avec la levure et une pincée de sel en 3 fois en alternant avec le lait et le rhum.

Versez la pâte dans un moule à cake chemisé de papier sulfurisé ou beurré et fariné. Mettez au four 10 minutes à 200 °C (th. 6-7) puis poursuivez la cuisson 40 minutes à 180 °C (th. 6). Contrôlez la cuisson à l'aide de la pointe d'un couteau.

Attendez 10 minutes pour le démouler et laissez refroidir sur une grille.

Clafoutis rhubarbe, vergeoise et rhum

Préparation : 20 minutes • Repos : 30 minutes • Cuisson : 30 minutes • Difficulté : ★ Budget : ★

Pour 6 personnes

5 tiges de rhubarbe * 4 cuil. à soupe de sucre * 2 œufs * 80 g de vergeoise brune * 15 cl de crème liquide * 15 cl de lait entier * 50 g de farine * 40 g de poudre d'amandes * 1 cuil. à soupe de rhum

Épluchez la rhubarbe, coupez-la en tronçons et placez-la dans un saladier avec 4 cuil. à soupe de sucre. Laissez reposer 30 minutes puis égouttez-la.

Fouettez les œufs avec la vergeoise. Ajoutez la crème et le lait, puis la farine, la poudre d'amandes et le rhum.

Répartissez la rhubarbe dans 6 ramequins et versez la préparation sans couvrir complètement les fruits.

Mettez au four 25 minutes à 180 °C (th. 6) puis laissez refroidir. Placez au frais quelques heures avant de servir.

Compote de pommes à la vergeoise

Préparation : 10 minutes • Cuisson : 30 minutes • Difficulté : ★ Budget : ★

Pour 4 personnes
6 pommes * ½ cuil. à café de cannelle en poudre * 40 g de vergeoise

Épluchez les pommes, retirez le cœur et coupez-les en dés. Placez-les dans une casserole avec 20 cl d'eau et la cannelle.

Mettez à cuire à feu doux 30 minutes, jusqu'à ce que les pommes soient très cuites et qu'elles s'écrasent facilement.

Ajoutez la vergeoise et écrasez les pommes à la fourchette en conservant des morceaux. Laissez refroidir et servez frais.

Cookies vergeoise et noix

Préparation : 20 minutes • Repos : 15 minutes • Cuisson : 12 minutes • Difficulté : ★ Budget : ★

Pour 25 cookies

125 g de beurre * 160 g de vergeoise brune * 1 sachet de sucre vanillé * 1 œuf * 180 g de farine * Levure chimique* Bicarbonate de soude* 80 g de noix * 80 g de pépites de chocolat * Sel

Travaillez le beurre avec la vergeoise, le sucre vanillé et l'œuf battu en omelette.

Incorporez la farine mélangée à une pincée de levure, de bicarbonate et de sel. Ajoutez les noix grossièrement hachées et les pépites de chocolat.

Formez des boules de pâte, placez-les sur une plaque de cuisson recouverte de papier sulfurisé en les espaçant bien puis laissez reposer au réfrigérateur 15 minutes.

Mettez au four 12 minutes à 180 °C (th. 6).

À la sortie du four, laissez refroidir puis placez-les dans une boîte en métal.

Crème brûlée à la vergeoise

Préparation : 15 minutes • Repos : 2 heures • Cuisson : 1 heure • Difficulté : ★ Budget : ★

Pour 6 personnes

10 cl de lait * 40 cl de crème liquide * 5 jaunes d'œufs * 80 g de vergeoise brune * 1 cuil. à soupe de vanille liquide * Vergeoise blonde

Versez le lait et la crème dans une casserole et portez à ébullition.

Battez les jaunes d'œufs avec la vergeoise brune puis ajoutez la crème bouillante. Ajoutez la vanille liquide puis versez la préparation dans 6 coupelles à crème brûlée.

Mettez au four 1 heure à 100 °C (th. 3-4). Laissez refroidir et placez au frais 2 heures minimum.

Au moment de servir, saupoudrez les crèmes de vergeoise blonde en couche régulière et caramélisez-le à l'aide d'un chalumeau.

Crème glacée à la vergeoise

Préparation : 10 minutes • Repos : 6 heures • Cuisson : 30 minutes • Difficulté : ★ Budget : ★

Pour 6 personnes

45 cl de lait entier * 1 gousse de vanille * 4 jaunes d'œufs * 100 g de vergeoise brune * 25 cl de crème liquide

Faites chauffer le lait dans une casserole avec la gousse de vanille fendue en 2. Pendant ce temps fouettez les jaunes d'œufs et la vergeoise.

Versez le lait chaud sur les œufs sans cesser de mélanger.

Faites épaissir sur feu doux sans faire bouillir, pour obtenir une crème anglaise. Laissez refroidir au frais 6 heures minimum.

Ajoutez la crème liquide, mélangez et faites prendre la crème glacée dans une sorbetière.

Dégustez aussitôt façon glace italienne ou conservez-la au congélateur dans une boîte hermétique.

Croque vergeoise et banane

Préparation : 10 minutes • Cuisson : 3 minutes • Difficulté : ★ Budget : ★

Pour 4 personnes

4 pains (faluches)* 30 g de beurre * 4 cuil. à soupe de vergeoise brune * 2 bananes

Ouvrir les faluches (ou petites boules de pain blanc) sans séparer complètement les 2 parties.

Étalez le beurre puis la vergeoise et enfin déposez une demi-banane coupée en rondelles.

Refermez les faluches, pressez légèrement puis placez-les dans un appareil à croque-monsieur et laissez cuire 2 à 3 minutes le temps que le pain dore.

Mangez aussitôt accompagné d'un verre de lait.

Crumble de rhubarbe et vergeoise

Préparation : 30 minutes • Repos : 20 minutes • Cuisson : 40 minutes • Difficulté : ★ Budget : ★

Pour 6 personnes
Pour le crumble : 80 g de beurre * 80 g de farine * 80 g de vergeoise brune * 80 g de poudre d'amandes * Sel
Pour la garniture : 4 tiges de rhubarbe * 30 g de beurre * 50 g de sucre * 150 g de fraises

Dans un saladier, mélangez le beurre coupé en dés, la farine, la vergeoise, la poudre d'amandes et 1 grosse pincée de sel. Commencez par mélanger à la fourchette puis du bout des doigts, formez un gros sablé. Placez au frais 20 minutes. Pendant ce temps, épluchez la rhubarbe et coupez-la en dés. Mettez le beurre à fondre dans une sauteuse puis ajoutez la rhubarbe et le sucre et caramélisez la rhubarbe sur feu vif 10 minutes. Lavez et coupez les fraises en quatre. Répartissez les fruits dans 6 ramequins et couvrez de pâte à crumble émiettée. Placez au four 30 minutes à 180 °C (th. 6) jusqu'à ce que le crumble soit bien doré. Laissez tiédir puis servez.

Escargots briochés à la vergeoise

Préparation : 30 minutes • Repos : 2h30 • Cuisson : 30 minutes • Difficulté : ★★ Budget : ★

Pour 8 brioches
300 g de farine * 40 g de sucre * 1 cuil. à café de levure de boulanger déshydratée * 17 cl de lait entier * 1 jaune d'œuf * 70 g de beurre * 1 cuil. à café de sel
Pour la crème : 100 g de crème fraîche épaisse * 100 g de vergeoise

Mettez tous les ingrédients dans le bol d'un robot pâtissier et pétrissez pendant 15 minutes. La pâte se décolle du bol mais reste assez collante. Couvrez le bol et laissez reposer 1h30 afin que la pâte double de volume.
Versez la pâte sur un plan de travail fariné et étalez-la en un grand rectangle. Badigeonnez la pâte de crème épaisse puis répartissez la vergeoise. Roulez la pâte en un long boudin et découpez des tronçons. Déposez-les sur une plaque de cuisson recouverte de papier sulfurisé, en les espaçant bien car ils vont gonfler. Laissez reposer dans un endroit tempéré et à l'abri des courants d'air. La pâte doit doubler de volume, cela prend 1 heure environ.
Mettez au four à 180 °C (th. 6) pendant 20 à 25 minutes.

Gâteau au fromage blanc et vergeoise

Préparation : 20 minutes • Repos : 30 minutes + une nuit • Cuisson : 30 minutes • Difficulté : ★ Budget : ★

Pour 6 personnes
Pour la base : 100 g de spéculoos * 40 g de beurre
Pour la garniture : 600 g de fromage blanc * 50 g de sucre * 1 cuil. à soupe de vanille liquide * 3 œufs * 40 g de vergeoise brune

Réduisez les biscuits en poudre avec un robot mixeur. Faites fondre le beurre au micro-ondes et ajoutez-le aux biscuits. Mélangez puis versez le tout dans 6 moules en silicone de 12 cm de diamètre. Tassez bien à l'aide d'une cuillère à soupe. Placez au frais 30 minutes.

Fouettez le fromage blanc, le sucre et la vanille puis ajoutez un à un les œufs en mélangeant bien entre deux. Versez la moitié de la préparation dans les moules puis saupoudrez d'un peu de vergeoise. Versez le restant de préparation, saupoudrez de vergeoise. À l'aide d'un cure-dents, dessinez des marbrures.

Mettez au four 30 minutes à 150 °C (th. 5) puis laissez refroidir et placez une nuit au frais.

Démoulez délicatement et servez.

Gâteau aux pommes et à la vergeoise

Préparation : 30 minutes • Cuisson : 45 minutes • Difficulté : ★ Budget : ★

Pour 6 personnes
3 pommes * 2 œufs * 80 g de vergeoise brune * 2 sachets de sucre vanillé * 270 g de farine * ½ sachet de levure chimique * 3 cl d'huile * 15 cl de lait * Sel
Pour le croustillant : 40 g de beurre * 50 g de vergeoise blonde * 1 sachet de sucre vanillé

Épluchez les pommes et coupez-les en dés.
Battez les œufs avec la vergeoise et le sucre vanillé. Ajoutez la farine mélangée avec la levure, une pincée de sel puis ajoutez petit à petit l'huile et le lait.
Versez la moitié de la pâte dans un moule à manqué beurré ou en silicone, répartissez la moitié des pommes. Couvrez avec le restant de pâte et finissez par les pommes que vous enfoncerez légèrement.
Mettez au four 30 minutes à 180 °C (th. 6) puis versez le beurre fondu mélangé à la vergeoise blonde, le sucre vanillé et une pincée de sel sur toute la surface et laissez encore cuire 15 minutes. Le gâteau doit être doré et croustillant ; lorsque l'on plante la pointe d'un couteau au centre, elle doit ressortir sèche.
Attendez 15 minutes pour le démouler et laissez refroidir sur une grille.

Gâteau renversé aux prunes et vergeoise

Préparation : 30 minutes • Cuisson : 40 minutes • Difficulté : ★ Budget : ★

Pour 6 personnes
Pour le moule : 20 g de beurre * 2 cuil. à soupe de vergeoise brune
Pour le gâteau : 10 prunes * 120 g de beurre * 140 g de vergeoise brune * 1 sachet de sucre vanillé * 2 œufs * 160 g de farine * 1 cuil. à café de levure chimique * Sel

Beurrez un moule de 24 cm de diamètre puis répartissez la vergeoise sur le fond et les parois.

Lavez les prunes, coupez-les en 2, retirez les noyaux et placez les demi-fruits dans le fond du plat.

Fouettez le beurre tempéré avec la vergeoise et le sucre vanillé. Ajoutez les œufs un à un puis incorporez la farine mélangée à la levure et une pincée de sel. Versez la préparation sur les fruits. Mettez au four 40 minutes à 180 °C (th. 6).

À la sortie du four, laissez refroidir 5 minutes avant de démouler délicatement sur un plat. Laissez refroidir puis dégustez.

Gaufres à la vergeoise

Préparation : 15 minutes • Repos : 1 heure • Cuisson : 20 minutes • Difficulté : ★ Budget : ★

Pour 12 gaufres
170 g de beurre mou * 110 g de vergeoise brune * 1 sachet de sucre vanillé * 2 œufs * 350 g de farine * 1 cuil. à café de levure chimique * Sel

Fouettez le beurre mou avec la vergeoise, le sucre vanillé et une pincée de sel. Ajoutez les œufs un à un puis incorporez la farine mélangée à la levure. Mélangez jusqu'à l'obtention d'une pâte homogène, épaisse mais assez molle. Laissez reposer 1 heure au frais.
Mettez le gaufrier à chauffer. Divisez la pâte en 12 portions égales et façonnez des boules. Mettez les boules de pâte à cuire dans le gaufrier bien chaud.
Laissez refroidir et dégustez.

Panna cotta à la vergeoise

Préparation : 15 minutes • Repos : 2 heures • Cuisson : 5 minutes • Difficulté : ★ Budget : ★

Pour 4 personnes

2 feuilles de gélatine (4 g) * 16 cl de lait * 40 cl de crème liquide entière * 50 g de vergeoise brune * 1 sachet de sucre vanillé

Faites ramollir la gélatine dans de l'eau froide.

Dans une casserole, mélangez le lait, la crème, la vergeoise et le sucre vanillé. Portez à ébullition puis hors du feu, ajoutez la gélatine essorée.

Versez dans 4 verrines et laissez refroidir à température ambiante puis placez au réfrigérateur minimum 2 heures.

Pâte à tartiner à la vergeoise

Préparation : 20 minutes • Cuisson : 10 minutes • Difficulté : ★ Budget : ★

Pour 6 personnes

50 g de Maïzena® * 15 cl de lait * 400 g de vergeoise brune * 25 cl de crème liquide entière * 1 œuf * 80 g de beurre

Diluez la Maïzena avec un peu de lait. Mélangez la vergeoise avec la crème et le lait. Ajoutez la Maïzena diluée, l'œuf battu en omelette et le beurre fondu.

Placez le tout dans un saladier et mettez à épaissir dans une casserole sur un feu doux jusqu'à l'obtention d'une crème homogène et onctueuse.

Versez le tout dans un bocal en verre et laissez refroidir puis placez-le au frais soigneusement fermé.

Moelleux au cœur de vergeoise

Préparation : 20 minutes • Repos : 2 heures • Cuisson : 20 minutes • Difficulté : ★ Budget : ★

Pour 6 personnes

Pour le cœur : 45 g de crème liquide entière * 100 g de vergeoise brune
Pour le moelleux : 100 g de beurre tempéré * 80 g de vergeoise * 1 sucre vanillé * 2 œufs * 80 g de farine * 1 cuil. à café de levure chimique * 2 cuil. à soupe de crème liquide * Sel

Mélangez la crème et la vergeoise puis versez ce mélange dans des moules demi-sphères en silicone ou des moules à glaçons et placez-les au congélateur au moins 2 heures.
Mélangez le beurre tempéré, la vergeoise et le sucre vanillé. Ajoutez les œufs un à un. Incorporez la farine mélangée à la levure, 1 pincée de sel puis la crème.
Mettez dans 6 moules individuels beurrés ou en silicone. Placez au centre de chaque moelleux un insert de vergeoise surgelée puis mettez au four 20 minutes à 180 °C (th. 6).
À la sortie du four, attendez 5 minutes puis démoulez.

Muffins aux fruits secs et vergeoise

Préparation : 20 minutes • Cuisson : 30 minutes • Difficulté : ★ Budget : ★

Pour 6 personnes

100 g de beurre * 120 g de vergeoise brune * 1 gousse de vanille * 2 œufs * 170 g de farine * ½ sachet de levure chimique * 10 cl de lait * 60 g d'abricots secs * 60 g de dattes * 60 g de raisins secs * 60 g de noisettes * Sel

Fouettez le beurre tempéré avec la vergeoise et les graines de vanille. Ajoutez les œufs un à un puis la farine mélangée à la levure et à une pincée de sel. Ajoutez le lait en filet et mélangez bien jusqu'à l'obtention d'une pâte homogène. Incorporez les ¾ des fruits et les noisettes coupés en morceaux et remplissez les caissettes en papier placées dans des empreintes à muffins. Placez sur le dessus le reste des fruits coupés et mettez au four 30 minutes à 180 °C (th. 6).
À la sortie du four, laissez refroidir sur une grille.

Ile flottante à la vergeoise et spéculoos

Préparation : 30 minutes • Cuisson : 10 minutes • Difficulté : ★ Budget : ★

Pour 6 personnes
Pour la crème : 50 cl de lait entier * 1 gousse de vanille * 6 jaunes d'œufs * 80 g de vergeoise brune *
Pour les îles flottantes : 5 blancs d'œufs * 80 g de sucre * 4 spéculoos * 1 cuil. à soupe de noix (éclats de noix caramélisée)* Sel

Portez le lait à ébullition avec la gousse de vanille fendue en 2 et grattez les graines.
Battez les jaunes avec la vergeoise. Retirez la gousse de vanille et versez le lait chaud sur les jaunes d'œuf hors du feu.
Remettez sur feu doux et laissez épaissir sans jamais laisser bouillir, tout en remuant sans arrêt. La crème doit napper la cuillère de bois.
Versez la crème dans un saladier et laissez refroidir puis placez au frais.
Montez les blancs en neige avec une pincée de sel. Lorsque les blancs d'œufs commencent à bien mousser, ajoutez le sucre petit à petit jusqu'à l'obtention de blancs brillants et bien fermes.
Prenez un petit bol, remplissez-le au ¾ de blancs d'œufs et passez-le 20 secondes au micro-ondes puissance 650 watt.
Démoulez sur un plat creux et réalisez les autres blancs. Laissez refroidir et placez au frais.
Au moment de servir, versez la crème dans des coupes individuelles et déposez délicatement le blanc d'œuf, saupoudrez de spéculoos réduits en poudre et d'éclats de noix caramélisées.

Mille-feuille de crêpes à la crème vergeoise

Préparation : 45 minutes • Repos : 4 heures • Cuisson : 10 minutes • Difficulté : ★★ Budget : ★

Pour 6 personnes
30 cl de lait * 2 œufs * 70 g de vergeoise brune * 1 sachet de sucre vanillé * 30 g de Maïzena® * 40 g de beurre * 13 crêpes (3 grandes, 10 petites)

Dans une casserole, mettez le lait à bouillir.
Dans un saladier, fouettez les œufs, la vergeoise et le sucre vanillé jusqu'à ce que le mélange double de volume puis ajoutez la Maïzena. Versez le lait bouillant sur le mélange en continuant de mélanger puis remettez le tout dans la casserole. Mélangez constamment jusqu'à ce que la crème épaississe.
Versez la crème dans un saladier, ajoutez le beurre et mélangez jusqu'à ce qu'il soit totalement fondu et que la crème soit homogène. Couvrez la crème au contact de film alimentaire. Laissez tiédir.
Chemisez de film alimentaire un moule à manqué de 20 cm de diamètre. Placez une grande crêpe dans le moule pour qu'elle remonte sur les bords. Étalez une fine couche de crème puis placez encore 2 grandes crêpes avec de la crème entre 2. Puis placez les petites crêpes au centre toujours avec un peu de crème entre chaque crêpe.
Placez au frais 4 heures. Démoulez sur un plat et saupoudrez de vergeoise et servez bien frais.

Petits cakes noisettes et vergeoise

Préparation : 20 minutes • Cuisson : 30 minutes • Difficulté : ★ Budget : ★

Pour 8 petits cakes
2 œufs * 100 g de vergeoise brune * 1 sachet de sucre vanillé * 80 g de farine * 30 g de poudre de noisettes * 1 cuil. à café de levure chimique * 100 g de beurre * 50 g de noisettes * Sel

Fouettez les œufs avec la vergeoise et le sucre vanillé. Ajoutez la farine, la poudre de noisettes, la levure et une pincée de sel. Incorporez le beurre fondu.
Versez la préparation dans 8 moules à mini cake. Déposez à la surface des noisettes coupées en 2 puis mettez au four 30 minutes à 180 °C (th. 6).
À la sortie du four, laissez refroidir 5 minutes sur une grille.

Sablés à la vergeoise

Préparation : 20 minutes • Repos : 1 h 30 • Cuisson : 12 minutes • Difficulté : ★ Budget : ★

Pour 25 sablés
120 g de beurre * 120 g de vergeoise brune * 220 g de farine * 50 g de poudre d'amandes * 1 sachet de sucre vanillé * 1 œuf * Sel

Travaillez le beurre pommade avec la vergeoise à l'aide d'une fourchette. Ajoutez la farine, la poudre d'amandes, le sucre vanillé et 1 pincée de sel. Travaillez le tout à la fourchette jusqu'à obtenir un mélange sableux. Incorporez l'œuf battu en omelette et réunissez la pâte en une boule sans trop la travailler. Enveloppez la pâte d'un film alimentaire et laissez reposer 1 heure au frais.

Abaissez la pâte à 5 mm d'épaisseur sur une feuille de papier sulfurisé, placez-la de nouveau au frais 30 minutes.

Découpez les sablés à l'aide de petits emporte-pièces. Placez-les sur une plaque recouverte d'une feuille de cuisson et mettez au four 12 minutes à 180 °C (th. 6).

Laissez refroidir puis conservez les sablés dans une boîte métallique.

Salade de fraises, vergeoise et chantilly

Préparation : 20 minutes • Repos : 30 minutes • Difficulté : ★ Budget : ★

Pour 4 personnes
500 g de fraises * 1 cuil. à soupe de vergeoise brune * 20 cl de crème liquide * 2 sachets de sucre vanillé

Lavez les fraises sous l'eau courante, épongez-les aux papiers absorbants puis coupez-les en 2 ou 3. Placez-les dans un saladier avec la vergeoise, mélangez et laissez reposer 30 minutes.
Montez la crème très froide en chantilly avec le sucre vanillé.
Répartissez les fraises et le jus rendu dans des verrines, couvrez de chantilly et saupoudrez d'un peu de vergeoise.
Servez aussitôt ou réservez au frais.

Scones à la vergeoise et cranberries

Préparation : 15 minutes • Repos : 30 minutes • Cuisson : 18 minutes • Difficulté : ★ Budget : ★

Pour 10 scones
240 g de farine * 1 cuil. à café de levure chimique * 40 g de vergeoise * 80 g de beurre mou * 1 œuf * 80 g de cranberries séchées * 4 cl de lait * 1 jaune d'œuf * Sel

Dans un saladier, mélangez la farine, la levure, la vergeoise et une pincée de sel. Ajoutez le beurre mou coupé en morceaux. Mélangez à la fourchette jusqu'à l'obtention d'une préparation sableuse.
Ajoutez l'œuf battu en omelette, les cranberries et le lait. Mélangez rapidement jusqu'à l'obtention d'une pâte homogène, pétrissez le moins possible.
Placez la pâte sur un plan de travail fariné, étalez-la sur 1,5 cm d'épaisseur de la paume de la main. Découpez des disques à l'aide d'un emporte-pièce rond de 6 cm de diamètre. Placez-les sur une plaque de cuisson recouverte de papier sulfurisé et laissez-les reposer 30 minutes au frais.
Préchauffez le four à 180 °C (th. 6). Badigeonnez le dessus des scones de jaune d'œuf dilué avec 2 cuil. à café de lait et mettez les scones à cuire 18 minutes.
Laissez refroidir sur une grille.

Tarte à la vergeoise et crème

Préparation : 30 minutes • Repos : 1 h 30 • Cuisson : 30 minutes • Difficulté : ★★ Budget : ★

Pour 6 personnes

Pour la pâte sablée : 220 g de farine * 80 g de sucre * 1 sachet de sucre vanillé * 30 g de poudre d'amandes * 125 g de beurre * 1 jaune d'œuf * Sel
Pour la garniture : 260 g de vergeoise brune * 1 œuf * 20 cl de crème fraîche épaisse * 6 cl de lait * 40 g de farine * 60 g de beurre

Pour la pâte sablée, mélangez la farine, les sucres, la poudre d'amandes et 1 pincée de sel. Faites un puits et placez au centre le beurre tempéré coupé en dés et le jaune d'œuf. Pétrissez jusqu'à ce que la pâte forme une boule homogène. Laissez reposer la pâte 30 minutes minimum au frais, enveloppée d'un film alimentaire.

Étalez la pâte puis placez-la dans un moule à tarte de 22 cm de diamètre. À l'aide d'un couteau, coupez l'excès de pâte, piquez à la fourchette et remettez au frais 1 heure.

Mettez la pâte à cuire à blanc 10 minutes dans un four à 180 °C (th. 6).

Mélangez la vergeoise et l'œuf, ajoutez la crème, le lait, la farine et le beurre fondu. Versez la préparation sur le fond de pâte. Replacez le tout au four 20 minutes à 180 °C (th. 6).

À la sortie du four, laissez refroidir avant de démouler.

Tarte aux pommes et vergeoise

Préparation : 30 minutes • Repos : 45 minutes • Cuisson : 30 minutes • Difficulté : ★★ Budget : ★

Pour 6 personnes

Pour la pâte sablée : 250 g de farine * 80 g de sucre * 1 sachet de sucre vanillé * 30 g de poudre d'amandes * 125 g de beurre * 1 jaune d'œuf * Sel
4 pommes * 60 g de vergeoise brune * 12 cl de crème liquide

Pour la pâte sablée, mélangez la farine, les sucres, la poudre d'amandes et 1 pincée de sel. Faites un puits et placez au centre le beurre tempéré coupé en dés et le jaune d'œuf. Pétrissez jusqu'à ce que la pâte forme une boule homogène. Laissez reposer la pâte 30 minutes minimum au frais, enveloppée d'un film alimentaire.

Étalez la pâte puis placez-la dans un moule à tarte de 24 cm de diamètre. À l'aide d'un couteau, coupez l'excès de pâte, piquez à la fourchette et remettez au frais 15 minutes.

Épluchez et coupez les pommes en lamelles. Mélangez la vergeoise et la crème, étalez-la sur le fond de pâte, puis placez les lamelles de pomme. Mettez au four 30 minutes à 200 °C (th. 6-7).

À la sortie du four, laissez refroidir avant de démouler.

Whoopies à la vergeoise

Préparation : 30 minutes • Repos : 30 minutes • Cuisson : 10 minutes • Difficulté : ★ Budget : ★

Pour 30 whoopies

Pour les coques : 100 g de beurre mou * 140 g de vergeoise brune * 2 œufs * 200 g de farine * 1 cuil. à café de levure chimique * Sel
Pour la garniture : 90 g de beurre * 125 g de vergeoise blonde * 1 cuil. à soupe de crème fraîche épaisse * 2 cuil. à café de rhum

Fouettez le beurre assez mou (mais pas fondu) avec la vergeoise. Ajoutez les œufs 1 à 1 et fouettez jusqu'à ce que le mélange soit homogène et qu'il ait doublé de volume. Ajoutez la farine mélangée à la levure et une pincée de sel, en 3 fois. Fouettez bien l'ensemble.
À l'aide d'une poche munie d'une douille unie, déposez des petits tas de pâte sur une plaque de cuisson recouverte de papier sulfurisé. Mettez-les au four 10 minutes à 180 °C (th. 6). Laissez refroidir puis décollez les coques délicatement de la plaque.
Fouettez le beurre tempéré et la vergeoise. Ajoutez la crème épaisse et le rhum. Déposez une noix de préparation sur la moitié des coques puis déposez une seconde coque. Pressez légèrement pour que la préparation arrive au bord des whoopies. Placez au frais 30 minutes puis dégustez.

Yaourt à la vergeoise

Préparation : 10 minutes • Repos : 4 heures • Cuisson : 10 heures • Difficulté : ★ Budget : ★

Pour 8 yaourts

1 l de lait entier * 1 yaourt nature (1 sachet de ferment lactique à diluer)* 5 cuil. à soupe de vergeoise brune * 4 cuil. à soupe de lait en poudre

Portez le lait à ébullition puis laissez refroidir à 40 °C. Fouettez le yaourt avec la vergeoise puis ajoutez le lait en poudre et le lait tiède.
Mélangez bien et répartissez dans les pots. Placez les pots dans la yaourtière pendant 10 heures sans les couvercles. Puis fermez-les et laissez-les reposer 4 heures au frais minimum.

Ananas rôti aux épices, croquant aux spéculoos

Préparation : 50 minutes • Cuisson : 30 minutes • Difficulté : ★★ Budget : ★

Pour 4 personnes
Pour le biscuit aux spéculoos : 120 g de spéculoos * 50 g de beurre
Pour la crème passion : 4 fruits de la passion * 20 g de sucre * 1 jaune d'œuf * 80 g de beurre mou
Pour l'ananas rôti : 1 ananas * 30 g de beurre * 15 g de sucre * 1 cuil. à café de quatre-épices * 12 cl de jus d'ananas

Réduisez les spéculoos en poudre et mélangez-les au beurre fondu. Tassez la préparation dans 4 cercles à tartelette de 8 cm de diamètre placés sur une feuille de papier sulfurisé. Laissez durcir au frais.
Récupérez la pulpe des fruits de la passion. Mélangez-la avec le sucre et le jaune d'œuf et mettez à épaissir au bain-marie. Laissez refroidir.
Coupez 4 tranches d'ananas de 1,5 cm d'épaisseur. Retirez la peau à l'aide d'un emporte-pièce de 8 cm de diamètre. Mettez le beurre à fondre dans une poêle, saupoudrez de sucre et mettez les tranches d'ananas à dorer sur les 2 faces. Saupoudrez de quatre-épices, ajoutez la moitié du jus d'ananas et laissez cuire sur feu doux jusqu'à évaporation du liquide. Retournez les tranches, versez le restant de jus et poursuivez la cuisson.
Fouettez le beurre tempéré puis ajoutez la crème passion petit à petit, continuez de fouetter jusqu'à l'obtention d'une crème mousseuse. Placez les cercles de biscuit sur les ardoises, déposez l'ananas tiède puis décorez d'un peu de crème passion.

Brownie aux noisettes et pâte de spéculoos

Préparation : 20 minutes • Cuisson : 25 minutes • Difficulté : ★ Budget : ★

Pour 8 personnes
200 g de chocolat noir * 175 g de beurre demi-sel * 3 œufs * 150 g de sucre * 100 g de farine * 15 noisettes mondées * 5 cuil. à soupe de pâte de spéculoos * 1 cuil. à soupe de lait

Préchauffez le four à 180 °C (th. 6).

Dans une petite casserole, faites fondre sur feu doux le chocolat coupé en morceaux avec le beurre.

Dans un autre récipient, fouettez les œufs avec le sucre jusqu'à ce que le mélange blanchisse et devienne mousseux.

Ajoutez le mélange chocolat-beurre et mélangez l'ensemble. Versez la farine et les noisettes coupées en deux, mélangez de nouveau.

Versez la pâte à brownies dans un moule.

Faites fondre sur feu moyen la pâte de spéculoos avec le lait puis versez sur la préparation du brownie. Avec une fourchette, mélangez légèrement pour faire pénétrer la pâte de spéculoos.

Enfournez pour 25 minutes. Laissez ensuite refroidir avant de déguster.

Cake pops au spéculoos

Préparation : 1 heure • Repos : 1 heure • Cuisson : 35 minutes • Difficulté : ★★ Budget : ★

Pour 8 personnes
Pour la base : 100 g de beurre * 70 g de sucre * 1 sachet de sucre vanillé * 2 œufs * 100 g de farine * ½ cuil. à café de levure chimique * 100 g de pâte de spéculoos * Sel
Pour le décor : * 300 g de chocolat noir de couverture * Perles de sucre (ou petits décors en sucre)

Préchauffez le four à 180 °C (th. 6).
Fouettez le beurre avec les sucres, ajoutez les œufs puis la farine, la levure et une pincée de sel. Mélangez bien puis versez la pâte dans un petit moule à cake. Mettez au four 30 minutes. Laissez refroidir sur une grille.
Coupez le gâteau en morceaux et réduisez-le en miettes en le plaçant dans le bol d'un robot mixeur. Ajoutez la pâte de spéculoos et mélangez jusqu'à former une boule de pâte. Si la pâte est encore trop friable, ajoutez un peu de crème épaisse ou du mascarpone.
Formez des boules de pâte bien rondes. Placez-les sur un plat et mettez-les au congélateur 1 heure.
Mettez le chocolat à fondre au bain-marie. Lorsqu'il est totalement fondu et bien lisse, sortez les boules de pâte, placez-les sur des bâtons à sucette puis trempez-les dans le chocolat et décorez-les de perles de sucre tout de suite avant que le chocolat ne fige. Faites-les sécher plantées dans un bloc de polystyrène, puis réservez au frais.

Ch'tiramisu

Préparation : 30 minutes • Repos : 24 heures • Difficulté : ★ Budget : ★

Pour 6 verrines
3 œufs * 70 g de sucre * 300 g de mascarpone * 2 cuil. à soupe de chicorée liquide * 200 g de spéculoos

Séparez les jaunes d'œufs des blancs. Battez les jaunes avec le sucre jusqu'à ce que le mélange blanchisse, puis ajoutez le mascarpone et la chicorée et fouettez encore 2 minutes.

Montez les blancs en neige et incorporez-les à la préparation précédente.

Remplissez les verrines en alternant la crème et les spéculoos, en commençant par des biscuits et en finissant par de la crème. Les spéculoos n'ont pas besoin d'être humidifiés, ils le seront en étant au contact de la mousse pendant le repos au frais.

Laissez reposer 24 heures au réfrigérateur.

Au moment de servir, décorez à votre goût, avec des spéculoos réduits en miettes, des copeaux de chocolat ou, comme sur la photo, avec un macaron à la chicorée.

Chaussons aux pommes et spéculoos

Préparation : 15 minutes • Cuisson : 40 minutes • Difficulté : ★ Budget : ★

Pour 6 personnes
500 g de pommes * 50 g de sucre * ½ cuil. à café de cannelle en poudre * 400 g de pâte feuilletée * 10 spéculoos * 1 jaune d'œuf

Épluchez les pommes, ôtez le cœur et les pépins puis coupez-les en petits morceaux.

Déposez les morceaux de pomme dans une casserole avec 2 cuil. à soupe d'eau et saupoudrez de sucre et de cannelle.

Portez à ébullition puis laissez mijoter à feu doux pendant 15 minutes.

Préchauffez le four à 180 °C (th. 6).

Étalez la pâte feuilletée et découpez des disques d'environ 12 cm de diamètre.

Répartissez sur chaque moitié de disque la compote de pommes en laissant une bordure.

Mixez grossièrement les spéculoos et déposez-les sur la compote.

Humectez les bords des cercles de pâte feuilletée et repliez pour former un chausson. Pincez avec les doigts pour souder les bords. Badigeonnez le dessus des chaussons de jaune d'œuf battu.

Enfournez pour 25 minutes. Dégustez ensuite les chaussons chauds ou tièdes.

Cheesecake aux spéculoos

Préparation : 30 minutes • Repos : 2 + 24 heures • Cuisson : 50 minutes • Difficulté : ★ Budget : ★

Pour 8 personnes
70 g de beurre * 150 g de spéculoos * 500 g de fromage frais Philadelphia® * 200 g de sucre * 5 œufs * 2 cuil. à café d'extrait de vanille liquide * 25 g de farine * 500 g de fromage blanc * 6 cuil. à soupe de pâte de spéculoos

Faites fondre le beurre et ajoutez-le aux spéculoos mixés.

Tapissez le fond d'un moule avec le mélange. Réservez au réfrigérateur au moins 2 heures.

Préchauffez le four à 180 °C (th. 6).

Dans un grand saladier, mixez le Philadelphia avec le sucre afin d'obtenir une texture légère et mousseuse. Ajoutez les œufs un à un en continuant de mixer. Terminez par la vanille liquide et la farine, puis le fromage blanc.

Étalez la pâte de spéculoos sur les biscuits et versez ensuite la préparation à cheesecake.

Enfournez pour 50 minutes de cuisson. Laissez refroidir le cheesecake dans le four pendant 1 heure avec la porte ouverte.

Réservez le cheesecake 24 heures au réfrigérateur avant de déguster.

Crème brûlée aux pommes et aux spéculoos

Préparation : 30 minutes • Repos : 2 heures • Cuisson : 1 h 25 • Difficulté : ★★ Budget : ★

Pour 6 personnes

3 pommes * Beurre* 15 cl de lait * 35 cl de crème liquide * 5 jaunes d'œufs * 60 g de sucre * 1 sachet de sucre vanillé * 12 spéculoos

Épluchez les pommes et coupez-les en dés. Faites-les dorer avec une noix de beurre, couvrez et laissez cuire à feu doux 10 minutes. Réservez.

Versez le lait et la crème dans une casserole et portez à ébullition.

Battez les jaunes d'œufs avec les sucres, puis ajoutez la crème bouillante.

Placez 2 spéculoos dans chaque coupelle, répartissez les dés de pomme puis versez la préparation.

Mettez au four 1 heure à 100 °C (th. 3-4). Laissez refroidir et placez au frais 2 heures minimum.

Au moment de servir, saupoudrez les crèmes de sucre en poudre et faites caraméliser à l'aide d'un chalumeau.

Crème glacée aux spéculoos

Préparation : 20 minutes • Repos : 6 heures • Cuisson : 10 minutes • Difficulté : ★★ Budget : ★

Pour 6 personnes

45 cl de lait entier * 4 jaunes d'œufs * 60 g de sucre roux * 1 sachet de sucre vanillé * ½ cuil. à café de quatre-épices * 200 g de spéculoos * 20 cl de crème liquide

Faites chauffer le lait dans une casserole. Pendant ce temps, fouettez les jaunes d'œufs, les sucres et le mélange de quatre-épices jusqu'à ce que la préparation blanchisse.

Versez le lait chaud sur ce mélange, tout en continuant de battre. Faites épaissir sur feu doux sans faire bouillir, pour obtenir une crème anglaise. Laissez refroidir.

Ajoutez les spéculoos émiettés, puis laissez reposer au frais 6 heures minimum.

Fouettez la crème liquide en chantilly et incorporez-la au mélange bien froid.

Faites prendre le tout dans une sorbetière.

Dégustez aussitôt, ou conservez la crème glacée au congélateur dans une boîte hermétique.

Dame blanche aux spéculoos

Préparation : 15 minutes • Repos : 1 heure • Cuisson : 10 minutes • Difficulté : ★ Budget : ★

Pour 4 personnes

3 cuil. à soupe de pâte de spéculoos * 20 cl de crème fleurette * 100 g de chocolat noir * 1 l de glace à la vanille * 10 spéculoos

Dans une casserole, faites dissoudre la pâte de spéculoos dans la crème fleurette.

Versez ensuite la crème dans un siphon, fermez puis ajoutez une cartouche de gaz. Secouez avant de placer au réfrigérateur pendant 1 heure.

Faites fondre le chocolat au bain-marie. Mixez les spéculoos.

Déposez 3 boules de glace à la vanille dans chaque coupe à glace. Saupoudrez de spéculoos mixés et nappez de chantilly aux spéculoos.

Versez un peu de chocolat chaud avant de servir.

Flan aux spéculoos

Préparation : 20 minutes • Cuisson : 45 minutes • Difficulté : ★ Budget : ★

Pour 8 personnes

100 g de farine * 100 g de sucre * 5 œufs * 75 cl de lait * 25 cl de crème liquide * 5 cuil. à soupe de pâte de spéculoos * Beurre * 10 spéculoos

Préchauffez le four à 210 °C (th. 7).

Dans un saladier, mélangez la farine avec le sucre. Ajoutez les œufs un à un et mélangez entre chaque œuf.

Dans une casserole, faites chauffer le lait avec la crème et la pâte de spéculoos. Portez à ébullition et versez sur le mélange farine-sucre-œufs. Mélangez l'ensemble.

Versez la préparation dans un moule beurré et enfournez pour 35 minutes.

À la sortie du four, laissez refroidir et saupoudrez le flan de spéculoos émiettés.

Crumble poire et spéculoos

Préparation : 15 minutes • Cuisson : 20 minutes • Difficulté : ★ Budget : ★

Pour 6 personnes
50 g de sucre * 50 g de farine * 50 g de spéculoos * 50 g de beurre mou * 4 poires * 15 g de beurre demi-sel * 2 cuil. à soupe de cassonade * ½ cuil. à café de cannelle en poudre * Jus de citron

Préchauffez le four à 180 °C (th. 6).

Préparez la pâte à crumble. Dans un saladier, mélangez le sucre avec la farine. Ajoutez les spéculoos mixés et mélangez de nouveau. Incorporez le beurre mou et malaxez la pâte afin d'obtenir une pâte sableuse.

Étalez la pâte à crumble sur une plaque de cuisson recouverte de papier sulfurisé, émiettez-la bien. Enfournez pour 15 minutes.

Laissez refroidir la pâte à crumble.

Épluchez les poires et coupez-les en petits dés.

Faites chauffer le beurre demi-sel dans une poêle et faites-y revenir les poires avec la cassonade et la cannelle en poudre. Arrosez de jus de citron pour éviter que les poires ne noircissent.

Répartissez les poires dans un plat et recouvrez de pâte à crumble. Servez aussitôt ou, si besoin, faites réchauffer le crumble au four avant de servir.

Crèmes au chocolat et aux poires, croustillant de spéculoos

Préparation : 15 minutes • Repos : 1 heure • Cuisson : 35 minutes • Difficulté : ★ Budget : ★

Pour 6 personnes
3 poires * 150 g de chocolat noir * 50 cl de lait entier * 4 jaunes d'œufs * 80 g de sucre * 15 g de beurre * 10 spéculoos

Préchauffez le four à 150 °C (th. 5).

Épluchez et coupez les poires en morceaux.

Cassez le chocolat et faites-le fondre à feu doux dans une casserole avec 1 cuil. à soupe d'eau. Remuez pour lisser le chocolat puis versez le lait et mélangez.

Fouettez les jaunes d'œufs avec le sucre pour que le mélange blanchisse et devienne mousseux puis versez le chocolat fondu et mélangez l'ensemble. Ajoutez ensuite les morceaux de poire.

Beurrez 6 ramequins individuels et versez la crème au chocolat et aux poires.

Émiettez grossièrement les spéculoos et répartissez-les sur les crèmes.

Déposez les ramequins dans un grand plat rempli à mi-hauteur d'eau.

Enfournez le plat pour 30 minutes de cuisson au bain-marie. À la sortie du four, laissez un peu refroidir les crèmes puis placez-les 1 heure au réfrigérateur avant de déguster.

Crumble de fraises aux spéculoos

Préparation : 20 minutes • Repos : 30 minutes • Cuisson : 15 minutes • Difficulté : ★ Budget : ★

Pour 4 verrines
50 g de spéculoos * 40 g de poudre d'amandes * 30 g de farine * 30 g de sucre roux * 2 sachets de sucre vanillé * 50 g de beurre * 500 g de fraises * ½ cuil. à café de cannelle en poudre

Mixez les spéculoos afin d'obtenir une poudre.

Mélangez la poudre d'amandes, la farine, le sucre roux, 1 sachet de sucre vanillé et la poudre de spéculoos.

Ajoutez le beurre tempéré coupé en dés et travaillez à la fourchette afin d'obtenir un sable grossier. Formez quelques amas en pressant le mélange du bout des doigts. Placez au frais 30 minutes.

Préchauffez votre four à 180 °C (th. 6).

Étalez la pâte à crumble sur une plaque de cuisson recouverte de papier sulfurisé. Assurez-vous de conserver les amas.

Mettez au four préchauffé pour 15 minutes. À la sortie du four, laissez refroidir totalement.

Lavez les fraises, épongez-les dans du papier absorbant. Retirez les queues puis coupez quelques fraises en fines tranches et placez-les sur les parois des verrines. Coupez le restant des fraises en quatre, saupoudrez-les d'un sachet de sucre vanillé et de cannelle et remplissez les verrines aux trois quarts. Déposez la pâte à crumble sur les fraises et servez aussitôt.

Moelleux aux spéculoos

Préparation : 40 minutes • Repos : 3 heures • Cuisson : 20 minutes • Difficulté : ★★ Budget : ★

Pour 6 personnes
Pour la pâte de spéculoos : 200 g de spéculoos * 50 g de beurre mou * 9 cl de lait * 60 g de sirop de glucose * 100 g de chocolat blanc
Pour les moelleux : * 50 g de beurre tempéré * 60 g de sucre * 3 œufs * 3 cuil. à soupe de crème liquide * 150 g de farine * ½ sachet de levure chimique * ¾ cuil. à café de sel

Préparez la pâte de spéculoos. Réduisez les biscuits en poudre à l'aide d'un mixeur puis ajoutez le beurre pommade. Dans une casserole, faites chauffer le lait et le sirop de glucose puis versez le lait bouillant sur le chocolat blanc. Remuez jusqu'à l'obtention d'un mélange homogène.

Incorporez ce dernier aux spéculoos. Remplissez 6 empreintes à mini bouchée ou un bac à glaçons que vous placerez au congélateur 2 heures minimum. Réservez le reste dans un bocal en verre.

Préparez les moelleux. Mélangez 180 g de la pâte de spéculoos, le beurre tempéré et le sucre. Ajoutez les œufs un à un, la crème puis incorporez la farine, la levure et le sel.

Mettez dans 6 moules individuels beurrés ou en silicone, laissez reposer 1 heure au frais. Placez au centre de chaque moelleux un glaçon de pâte de spéculoos sans trop enfoncer. Mettez au four préchauffé à 200 °C (th. 6-7) pour 20 minutes. À la sortie du four, attendez 5 minutes puis démoulez et laissez refroidir sur une grille. Servez de préférence tiède.

Mousses au chocolat et aux spéculoos

Préparation : 30 minutes • Repos : 24 heures • Cuisson : 5 minutes • Difficulté : ★ Budget : ★

Pour 4 personnes
100 g de chocolat dessert * 3 œufs * 6 spéculoos

Séparez les jaunes des blancs d'œufs.

Faites fondre le chocolat au bain-marie. Hors du feu, ajoutez les jaunes d'œufs un à un en mélangeant énergiquement.

Montez les blancs d'œufs en neige et incorporez-les délicatement au chocolat.

Réduisez les spéculoos en poudre à l'aide d'un mixeur et ajoutez-les à la mousse.

Répartissez la préparation dans 4 bols et placez au frais 24 heures.

Muffins poire et spéculoos

Préparation : 20 minutes • Cuisson : 25 minutes • Difficulté : ★ Budget : ★

Pour 15 muffins environ

100 g de beurre * 2 œufs * 100 g de sucre * 3 cuil. à soupe de pâte de spéculoos * 15 cl de lait * 1 yaourt nature * 280 g de farine * ½ sachet de levure chimique * 2 poires au sirop * Sel

Préchauffez le four à 180 °C (th. 6).

Faites fondre le beurre.

Dans un saladier, battez les œufs en omelette puis ajoutez le sucre, le beurre fondu et la pâte de spéculoos. Mélangez puis incorporez le lait et le yaourt puis versez la farine, la levure et une pincée de sel. Mélangez bien l'ensemble.

Coupez les poires en petits cubes et ajoutez-les à la pâte à muffins. Mélangez.

Remplissez les moules à muffin puis enfournez pour 20 minutes. Laissez ensuite tiédir avant de déguster.

Pain perdu aux spéculoos

Préparation : 15 minutes • Cuisson : 15 minutes •
Difficulté : ★ Budget : ★

Pour 4 personnes

30 cl de lait * 1 gousse de vanille * 100 g de sucre * 2 œufs * 3 cuil. à soupe de pâte de spéculoos * 15 cl de crème liquide * 30 g de beurre * 8 tranches de pain brioché

Dans une petite casserole, faites chauffer le lait avec la gousse de vanille fendue et 80 g de sucre. Mélangez bien pour faire dissoudre le sucre.

Versez le lait chaud sucré dans un saladier, ôtez la gousse de vanille et laissez refroidir.

Dans une assiette creuse, fouettez les œufs avec le sucre restant.

Dans une casserole, déposez la pâte de spéculoos avec la crème liquide et laissez doucement la pâte de spéculoos se dissoudre.

Faites chauffer le beurre dans une grande poêle. Plongez les tranches de pain brioché dans le lait puis dans les œufs battus. Posez-les ensuite dans la poêle chaude et faites dorer chaque tranche de brioche des deux côtés.

Présentez les tranches de pain perdu dans des assiettes individuelles et nappez-les de sauce aux spéculoos.

Pâte aux spéculoos

Préparation : 15 minutes • Cuisson : 5 minutes •
Difficulté : ★ Budget : ★

Pour 1 pot

200 g de spéculoos * 50 g de beurre mou * 9 cl de lait * 60 g de sirop de glucose * 100 g de chocolat blanc

Réduisez les spéculoos en poudre à l'aide d'un mixeur, puis ajoutez le beurre en pommade et mélangez bien.

Dans une casserole, faites chauffer le lait et le sirop de glucose, puis versez le lait bouillant sur le chocolat blanc.

Remuez jusqu'à l'obtention d'un mélange homogène.

Ajoutez ce mélange aux spéculoos et remuez bien.

Versez dans un pot en verre propre, fermez-le et laissez-le refroidir à température ambiante. Une fois refroidie, vous pouvez conserver la pâte pendant 3 semaines au réfrigérateur.

Petites crèmes au chocolat et aux spéculoos

Préparation : 15 minutes • Repos : 2 heures • Cuisson : 30 minutes • Difficulté : ★ Budget : ★

Pour 6 personnes

1 l de lait entier * 80 g de chocolat noir * 2 cuil. à café de cacao amer en poudre * 50 g de Maïzena® * 6 cuil. à soupe de pâte de spéculoos * 6 spéculoos

Faites chauffer le lait dans une casserole, ajoutez le chocolat noir coupé en morceaux et le cacao.

Remuez pour bien diluer le chocolat et le cacao.

Aux premiers bouillons, versez la Maïzena et remuez aussitôt pendant 5 bonnes minutes. Le mélange va alors s'épaissir.

Déposez 1 cuil. à soupe de pâte de spéculoos dans le fond de 6 petits pots ou verrines.

Versez la crème au chocolat sur la pâte de spéculoos.

Laissez refroidir un peu puis placez les crèmes au réfrigérateur pour au moins 2 heures.

Avant de servir, émiettez les biscuits sur les crèmes et dégustez.

Riz au lait à la cannelle et spéculoos

Préparation : 15 minutes • Repos : 1 heure • Cuisson : 40 minutes • Difficulté : ★ Budget : ★

Pour 6 personnes

1 l de lait entier * 1 bâton de cannelle * 180 g de riz rond * 60 g de sucre * 150 g de pâte de spéculoos * 6 spéculoos

Versez le lait avec le bâton de cannelle dans une casserole. Dès que le lait commence à bouillir, versez le riz et laissez cuire à feu doux à couvert pendant 30 à 40 minutes. Dix minutes avant la fin de la cuisson, retirez le bâton de cannelle, puis ajoutez le sucre. Laissez ensuite tiédir le riz à température ambiante.

Dans des verrines ou des petits pots, déposez une couche de pâte de spéculoos dans le fond et recouvrez de riz au lait.

Réservez les riz au lait au moins 1 heure au réfrigérateur avant de déguster.

Avant de servir, saupoudrez les riz au lait de spéculoos mixés.

Spéculoos

Préparation : 20 minutes • Repos : 1 heure • Cuisson : 10 minutes • Difficulté : ★ Budget : ★

Pour 30 biscuits

250 g de farine * 150 g de vergeoise brune * ½ cuil. à café de bicarbonate de soude * 1 cuil. à café de quatre-épices * 125 g de beurre * 1 jaune d'œuf * 4 cuil. à soupe de lait * Sel

Mélangez la farine, la vergeoise, une pincée de sel, le bicarbonate et le quatre-épices.

Ajoutez le beurre pommade et commencez à travailler à la fourchette. Ajoutez le jaune d'œuf et le lait petit à petit jusqu'à l'obtention d'une pâte homogène et souple.

Enveloppez la pâte d'un film alimentaire et laissez reposer 1 heure au frais.

Étalez la pâte sur un plan de travail légèrement fariné et découpez-la à l'aide d'un emporte-pièce. Placez les formes sur une plaque de cuisson recouverte d'une feuille de papier sulfurisé. Préchauffez le four à 180 °C (th. 6). Replacez la plaque au réfrigérateur pendant que le four monte en température.

Mettez les biscuits à cuire 10 minutes.

Laissez-les refroidir complètement avant de les décoller de la plaque.

Conservez-les dans une boîte hermétique.

Tarte à la rhubarbe et aux spéculoos

Préparation : 20 minutes • Repos : 10 heures • Cuisson : 30 minutes • Difficulté : ★ Budget : ★

Pour 8 personnes

500 g de rhubarbe * 100 g de sucre * 1 rouleau de pâte brisée * Beurre* 70 g de spéculoos * 3 œufs * 50 g de cassonade * 60 g de poudre d'amandes

Épluchez la rhubarbe et coupez-la en petits tronçons. Déposez les morceaux dans un grand saladier et versez le sucre.

Laissez macérer l'ensemble pendant au moins 10 heures au réfrigérateur.

Préchauffez le four à 180 °C (th. 6).

Abaissez la pâte brisée dans un moule à tarte beurré.

Émiettez les spéculoos et recouvrez le fond de tarte.

Égouttez la rhubarbe puis répartissez-la dans le moule à tarte.

Fouettez les œufs avec la cassonade et la poudre d'amandes puis versez cette préparation sur la rhubarbe.

Enfournez pour 30 minutes de cuisson, puis laissez refroidir avant de déguster.

Trifle aux fraises et spéculoos

Préparation : 30 minutes • Repos : 1 heure • Difficulté : ★ Budget : ★★

Pour 6 personnes
300 g de fraises * 250 g de mascarpone * 2 cl de crème anglaise * 3 sachets de sucre vanillé * 18 spéculoos

Lavez et équeutez les fraises.
Fouettez le mascarpone, ajoutez la crème anglaise et le sucre vanillé.
Réduisez les spéculoos en poudre, mettez-en les deux tiers dans les verrines et tassez légèrement.
Versez la crème et placez au frais 1 heure.
Au moment de servir, déposez les fraises et saupoudrez de miettes de spéculoos.

Verrines de pommes et spéculoos

Préparation : 40 minutes • Cuisson : 15 minutes • Difficulté : ★ Budget : ★

Pour 6 verrines
4 pommes * 30 g de beurre * 2 sachets de sucre vanillé * ½ cuil. à café de cannelle en poudre * 18 spéculoos * 25 cl de crème liquide entière * 2 cuil. à soupe de sucre glace

Épluchez les pommes, coupez-les en dés et mettez-les à cuire dans une poêle avec le beurre. À mi-cuisson, ajoutez 1 sachet de sucre vanillé pour les caraméliser légèrement, saupoudrez-les de cannelle. Laissez refroidir.

Cassez grossièrement les biscuits. Montez la crème très froide en chantilly, ajoutez 1 sachet de sucre vanillé et le sucre glace.

Alternez les pommes, les biscuits et la chantilly dans les verrines afin de former 6 couches.

Réservez au frais avant de servir.

Verrines de spéculoos

Préparation : 20 minutes • Repos : 3 heures • Cuisson : 2 minutes • Difficulté : ★ Budget : ★

Pour 5 personnes
2 feuilles de gélatine * 10 cl de café fort * 75 g de sucre * 200 g de spéculoos * 7 cuil. à soupe de crème fraîche épaisse * 2 blancs d'œufs * Sel

Dans un bol, faites tremper les feuilles de gélatine dans de l'eau froide pendant 20 minutes, pour les faire ramollir.
Pendant ce temps, préparez une tasse de café fort (type expresso) et diluez-y le sucre puis la gélatine. Mélangez bien.
Dans un saladier, cassez les spéculoos en petits morceaux et malaxez-les dans le café. Battez la crème fraîche au fouet et ajoutez-la aux spéculoos.
Battez les blancs d'œufs en neige ferme avec une pincée de sel et incorporez-les délicatement à la préparation.
Répartissez le mélange dans des verrines et placez au frais pendant au moins 3 heures.

Whoopies aux spéculoos

Préparation : 20 minutes • Cuisson : 10 minutes • Difficulté : ★ Budget : ★

Pour 6 personnes

100 g de beurre mou * 120 g de sucre * 1 œuf * 250 g de farine * ½ sachet de levure chimique * 3 cuil. à café de cacao amer en poudre * 10 cl de lait * 200 g de pâte de spéculoos

Fouettez le beurre avec le sucre afin d'obtenir un mélange lisse. Ajoutez l'œuf puis la farine, la levure et le cacao. Mélangez l'ensemble tout en versant le lait.

Préchauffez le four à 180 °C (th. 6).

Déposez 2 feuilles de papier sulfurisé sur des plaques de cuisson. Réalisez les coques des whoopies avec une poche à douille. Espacez-les afin qu'elles ne se touchent pas pendant la cuisson.

Enfournez les plaques de cuisson l'une après l'autre pour 10 minutes chacune. Laissez refroidir à la sortie du four.

Déposez 1 cuil. à café de pâte de spéculoos entre 2 coques. Réservez au frais avant de déguster.